LA CITÉ

Notre époque s'est découvert une nouvelle passion : l'intolérance.
Sur les réseaux et les plateaux, on criminalise celui qui ne pense pas comme nous. On le dénonce, on veut l'empêcher de parler.
Il est urgent de recréer un espace où puisse se tenir la rencontre sereine et exigeante des idées.
C'est tout le sens de cette nouvelle collection d'essais des Presses de la Cité.
Poser les bonnes questions (même si elles dérangent), respecter les faits, ouvrir des perspectives : telle est la ligne de conduite de La Cité.
En un mot, raviver la liberté de l'esprit.

INFANTILISATION

DU MÊME AUTEUR

La Grande Nurserie, JC Lattès, 2006 ; 2009 (édition poche mise à jour)

L'Homme libre (dir.), Les Belles Lettres, 2006

« La France est foutue », JC Lattès, « Idées fausses, vraies réponses », 2007

Post-politique, JC Lattès, 2009. Prix de littérature politique Edgar-Faure

Dictionnaire du libéralisme (dir.), Larousse, 2012. Prix Edouard-Bonnefous de l'Académie des sciences morales et politiques

La France adolescente, avec Patrice Huerre, JC Lattès, 2013

Dictionnaire amoureux de la Liberté, Plon, 2016

Le Roi qui n'aimait pas la musique, musique de Karol Beffa, Gallimard Jeunesse, 2017

Transformer la France. En finir avec mille ans de mal français, avec Jean-Philippe Feldman, Plon, 2018

Il faut sauver le monde libre, Plon, 2019. Prix Turgot

Mathieu Laine

INFANTILISATION

Les Presses de la Cité

92, avenue de France – 75013 Paris
ISBN 978-2-258-19596-7
Dépôt légal : janvier 2021

Presses de la Cité un département **place des éditeurs**

place des éditeurs

Professeur affilié d'humanités politiques à Sciences Po et entrepreneur, Mathieu Laine a fondé et dirige Altermind, une société d'études et de conseil en stratégie basée à Paris, Londres, Bruxelles, Berlin et Milan. Editorialiste au *Figaro*, où il analyse l'actualité à l'aune des grands romans, et chroniqueur au *Point*, où il fait le portrait des grands penseurs de notre temps, il tient également une chronique « Essais » aux *Echos*. Mathieu Laine est l'auteur de dix ouvrages dont *La Grande Nurserie : en finir avec l'infantilisation des Français* (Lattès, 2006), le *Dictionnaire amoureux de la Liberté* (Plon, 2016) et *Il faut sauver le monde libre* (Plon, 2019). En octobre 2021, il publiera chez Grasset un essai plongeant en littérature pour mieux comprendre le monde. Avec le compositeur Karol Beffa, il a également écrit un conte musical pour enfants, *Le Roi qui n'aimait pas la musique* (Gallimard jeunesse, 2017). En 2019, Mathieu Laine a créé à Sciences Po un cycle de cours magistraux, « Penser la liberté au XXIe siècle », et a pris la présidence de l'Institut Coppet, une société savante consacrée à la défense du patrimoine libéral francophone. Au cœur de sa réflexion, la liberté, qu'il place au-dessus de tout. « Plus on déresponsabilise, plus on désapprend la liberté », confiait-il en 2020 au *Point*. Pour lui, l'heure est plus que jamais venue de « retrouver la liberté ».

Pour Allegra

Leur tort, c'est de dormir
dans une sécurité trompeuse.

Jules ROMAINS, *Knock* (1923)

C'est le peuple qui s'asservit, qui se coupe la gorge, qui, ayant le choix ou d'être serf ou d'être libre, quitte la franchise et prend le joug.

Etienne de La BOÉTIE,
Discours de la servitude volontaire (1574)

Sommaire

Prologue

L'infantilisation est de tous les partis. Depuis des décennies, c'est elle qui nous dirige, qui guide la plupart des décisions publiques. La bureaucratie est ainsi devenue, « pour notre Bien », une *Big Nanny* tutélaire et tentaculaire maternant jusqu'à l'absurde le moindre de nos gestes. La pandémie n'aura été que le révélateur de ce phénomène profond et préoccupant.

Si personne ne conteste la nécessité d'intervenir face à un tel péril, c'est la manière dont on nous a parlé, la façon dont on a pu aussi facilement verrouiller nos vies qui interrogent. Car nous n'avons pas seulement été dociles. Nous sommes de plus en plus nombreux à avoir *besoin* d'être pris en charge, d'être bercés, bordés, protégés, y compris contre nous-mêmes. L'infantilisation est un poison lent. A trop abandonner nos libertés, nous désapprenons la liberté, développant une addiction inquiétante à l'intervention tous azimuts du pouvoir central.

Pas un sujet qui lui échappe. Pas un mouvement qu'il n'ambitionne de réguler ou d'interdire. Mais il est des paradoxes : à force de vouloir sauver la vie, il assèche l'existence ; à tant attendre de l'Etat nounou, la désillusion se fait jour ; à mesure que l'autoritarisme croît, l'autorité du pouvoir s'affaisse. Tout se décide d'en haut, et nous sommes démunis. Cette spirale intrusive, véritable machine à déception, joue contre nous. Elle paralyse nos aptitudes et alimente le dégagisme. Elle creuse le lit d'une sinistre bascule vers une société sécuritaire, hygiéniste et précautionniste où le contrôle l'emporterait sur la confiance, où la bien-pensance ferait office de morale et où le despotisme deviendrait une alternative crédible.

Si les excès du pouvoir sont liés à sa nature, nous en sommes les premiers responsables. En nous refusant à le limiter, en ronchonnant tout en en faisant le premier et dernier recours de toute chose, en nous réfugiant sans cesse dans ses jupes comme ces enfants qu'ils devinent derrière les citoyens que nous sommes, nous lui ouvrons la voie et assombrissons l'avenir.

Chaque crise offre son lot de risques et d'opportunités. Une fois le virus terrassé, il nous faudra nous saisir de cette dérive jouant inexorablement contre nous. Le combat n'est pas simple. Pris isolément, chaque renoncement adopté « pour notre Bien » paraît une évidence. Mais dès qu'on prend du recul, dès qu'on regarde vraiment où la bureaucratie s'immisce, la sensation d'étouffement survient. Nous ne mesurons ni le coût de nos abandons de pouvoir ni combien, à force d'ambitionner de nous garder du risque, l'infantilisation devient le premier d'entre eux.

Défendre la liberté peut paraître éthéré. Ce n'est pourtant ni un caprice intellectuel, ni une obsession idéologique. Cette lutte transcende tous les courants et soulève une question de la plus haute importance : quel type de vie voulons-nous avoir ?

Cela ne se réglera ni avec du vieux socialisme, ni avec du vieux libéralisme. Tout en préservant les principes immuables, nous devons repenser la manière d'enchaîner Léviathan. En un temps où l'efficacité totalitaire dans la lutte contre la pandémie va inexorablement accroître le désir de contrôle, il est urgent de nous réveiller et de nous lever pour sauver le cœur vibrant de ce que nous sommes : la liberté.

Chapitre 1

Ils ont réveillé Ubu

« Gare à qui ne marchera pas droit. » Dans la lutte contre la pandémie de Covid-19, cette injonction célèbre du Père Ubu est devenue notre quotidien. Inventé par Alfred Jarry il y a plus de cent ans, ce personnage tyrannique et grotesque s'est offert une seconde jeunesse. Quoi de plus ubuesque en effet que la manière dont le pouvoir médical, bureaucratique et politique s'est adressé aux adultes que nous sommes ?

Une simple illustration englobe toutes les autres. Un mois avant Noël, le 24 novembre 2020, le professeur Rémi Salomon, président de la commission médicale d'établissement de l'AP-HP, prévient sur France Info : « Il ne faut pas manger avec Papi et Mamie. Même à Noël. [...] On peut aller chez Papi et Mamie à Noël, mais on ne mange pas avec eux. On coupe la bûche de Noël en deux. Papi et Mamie mangent dans la cuisine et nous, on mange dans la salle à manger. [...] Si je transmets le virus à Papi et Mamie, c'est pire que tout, comment je vais vivre ça après ? Parce que Papi et Mamie, ils ont un risque sérieux d'être en réanimation et éventuellement d'en mourir. »

Ce type d'injonctions, avilissantes et maternantes, nous n'avons cessé de les entendre.

Une rhétorique infantilisante

Toute personne qui a franchi les portes d'un hôpital a subi cette langue si particulière parlée par certains soignants quand ils s'adressent à leurs patients : « Il a bien pris sa température ? Il n'a pas fini son assiette ? C'est pas bien ça, il faut qu'il prenne des forces s'il veut guérir. Il a bien pris ses cachets ? »

A la faveur d'une épidémie, l'extension du domaine de cette rhétorique dans le champ du politique et du médiatique interpelle. Sur les chaînes d'information en continu, des docteurs en bonne conduite se sont ainsi succédé pendant des mois pour nous tenir le même langage. La plupart du temps, leurs propos atteignant le stade suprême de l'infantilisme étaient entrecoupés de spots de publicité ministériels nous listant par le menu les gestes barrières.

Tout ce battage correspondait bien sûr à la dimension exceptionnelle de la situation. Mais le ton adopté a fini par réduire le citoyen à un élève du primaire à qui un maître faisait sempiternellement la leçon. Comme si nous n'avions pas compris. Comme si nous n'étions en réalité pas aptes à comprendre. Comme s'il fallait, à nous petits garçons et petites filles de dix-huit à quatre-vingt-dix-huit ans, nous répéter dix fois, cent fois, mille fois, et plus si nécessaire, qu'il faut se laver les mains, se couvrir la bouche, ouvrir nos fenêtres et réduire nos interactions sociales tant ce virus est létal, surtout chez les personnes âgées, les personnes fragiles ou obèses, tout en intégrant le fait qu'il touche de manière exceptionnelle les plus jeunes. La lutte contre cette maladie se fit moins avec nous que malgré nous.

Dopée par une comptabilité morbide et quotidienne, jetant un voile terrible sur tous les autres maux dénués de lien avec le virus, cette élite hygiéniste a martelé, jusqu'aux terrains de l'évidence, qu'elle savait mieux que nous ce qui était bon pour nous. Comme dans *Un jour sans fin*, elle a distribué en boucle les bons, les mauvais points, et même des bonnets d'âne à qui oserait s'indigner.

Cette mutation du discours politique et bureaucratique est préoccupante. Transformer une langue n'est jamais anodin. Orwell nous a tout dit de la pleine puissance de ces messages répétés à l'infini. Aux « Deux Minutes de la Haine » diffusées quotidiennement sur le « télécran » de *1984* et contaminant jusqu'à Winston lui-même succèdent nos « Vingt-Quatre Heures du Bien ». Désormais, la « Mentopolice » n'en finit plus de nous border.

L'emprise du Bien

« Pour notre Bien », cette haute sphère de la société ne s'est pas contentée de se saisir du verbe d'une nurse. Jouant pleinement la défiance, l'Etat nounou s'est arrogé un pouvoir supplémentaire, nous regardant avec un ascendant rarement atteint et ne cachant même plus leur complexe de supériorité.

Comme une mère envahissante tournant pour la première fois la clé de l'appartement de son fils sans l'avoir prévenu, ce collège de hauts fonctionnaires composé de pontes de la santé publique, de préfets et d'autres caciques de l'administration centrale s'est invité. Mobilisant les meilleurs éléments de leur armée de bureaucrates, tous ont paru grisés, comme gagnés par une ivresse technocratique. Le sanitaire accédant, avec le primat du public sur le privé, au sommet des préoccupations nationales, il leur était désormais possible d'accroître sans limite leur emprise sur nos destinées.

« Pour notre Bien », chacun de nous fut désormais appréhendé comme un malade putatif et un criminel en puissance. Comme dans *Knock* de Jules Romains, certains ont rêvé de « mettre toute une population au lit ». Les blouses blanches ont fait alliance avec les costumes gris. Tous ont revêtu un képi. Un test PCR dans une main, un bâton de gendarme dans l'autre, jamais la fonction publique n'a été à ce point sollicitée. Jusqu'au président de la République lui-même, devenu en ces temps d'exception le chef du service de pédiatrie de tout un peuple. « En clinique ! Tubes, chimie, visites, télé dans la chambre. Silence, on soigne ! » avait anticipé Philippe Muray[1].

Dans *Le Monde* du 12 novembre 2020, le Premier ministre s'est même risqué à voir en nous des animaux qu'il lui fallait mater : « Ce n'est certainement pas le moment pour desserrer la bride. » Quant au ministre de la Santé, perdant son sang-froid au micro de l'Assemblée nationale, il a hurlé sur un élu de la République : « Si vous ne voulez pas l'entendre, sortez d'ici ! » Ou comment invoquer « la réalité de nos hôpitaux » pour piétiner jusqu'au débat parlementaire.

1. Philippe Muray, *L'Empire du Bien*, Les Belles Lettres, 1991.

Des gens meurent. Vous ne comprenez donc pas ? Circulez, représentants du peuple, tout aussi incapables que tant de vos électeurs ! J'exige sans débat que l'on m'alloue les pleins pouvoirs. Laissez-moi vous sauver. Je suis médecin, vous m'entendez ? Moi j'agis… « pour votre Bien ».

Attestations : l'étrange retour du bon de sortie

Si le diable est dans les détails, la bureaucratie est son associé. Gourmande de tout saisir, son imagination fut sans limite. A force de vouloir tout réguler, tout anticiper, tout contrôler, l'Etat nounou agit telle une fièvre paralysante.

Si l'on ne devait retenir qu'un symbole, une illustration, un cas d'école de ce maternage invasif, l'attestation tricolore de déplacement dérogatoire, avec ses innombrables sous-conditions, l'emporterait sans doute. A remplir soi-même pour chaque franchissement de seuil, le moindre « déplacement bref, dans la limite d'une heure quotidienne et dans un rayon maximal d'un kilomètre autour du domicile, lié soit à l'activité physique individuelle des personnes, à l'exclusion de toute pratique sportive collective et de toute proximité avec d'autres personnes, soit à la promenade avec les seules personnes regroupées dans un même domicile, soit aux besoins des animaux de compagnie » a dû être noté, coché, horodaté et signé, de manière manuscrite ou numérique.

A part la France, aucune démocratie au monde n'a osé imposer à des citoyens pourtant adultes de se munir, à chaque fois qu'ils sortaient de chez eux, d'un « bon de sortie » tel que nous en avions, plus jeunes, pour franchir les portes du lycée. Le pire, c'est que nous ne pouvons même pas, au regard de ces contraintes inédites, justifier de résultats sanitaires meilleurs que l'Allemagne, par exemple. Sans cet arsenal, elle a fait mieux que nous.

Non contente d'établir des normes dépassant l'entendement, la bureaucratie aime à les faire respecter. C'est ainsi que les forces de l'ordre furent déployées sur les routes, les trottoirs et jusqu'à l'intérieur des supermarchés – un lieu pourtant autorisé pour faire l'acquisition de produits dits « essentiels » – pour vérifier nos dires.

A la vue des gendarmes, nos mémoires involontaires ont vu surgir de notre enfance les figures enfouies du surveillant, du proviseur, et de tous ceux qui, telles des statues du Commandeur, impliquent au temps de l'insouciance de découvrir ce que sont le respect, la discipline. Tout cela a provoqué chez beaucoup d'entre nous un sentiment de gêne et de malaise.

A l'« attestation de déplacement dérogatoire » s'est ajouté le « justificatif de déplacement professionnel ». Puis le « justificatif de déplacement scolaire », nous interrogeant notamment sur le « mode de transport » pour emmener les enfants à l'école tout en exigeant, fantasme de bureaucrate, un coup de cachet bien frais de l'établissement scolaire. Pour chaque enfant ? Pour chaque trajet ? Il ne s'agirait pas que des citoyens fourbes « s'équipent » d'enfants pour contourner le confinement.

Mais nous devenons moqueurs. Dans sa sagesse, l'administration a pourtant pensé à tout, jusqu'à cette tolérance : « Pour rappel, l'attestation de déplacement mise en place durant le confinement n'est pas nécessaire en cas de danger immédiat. » Dès lors, si votre enfant se fend le crâne, si votre maison brûle, si votre conjoint vous appelle au secours, ne perdez pas de temps à remplir les formulaires. L'attestation attendra. Et l'agent mandaté pour contrôler le docile respect de cette formalité ne pourra, c'est promis, verbaliser l'omission. *Big Father* est trop bon.

Le casse-tête des « biens non essentiels » : une plongée en Absurdie

Pendant les confinements, certaines semaines furent plus irréalistes que les autres.

Pour freiner la progression du virus, il était naturel de reporter ce qui pouvait attendre. L'intention, de bon sens, était bien sûr louable. Jusqu'à ce que la bureaucratie s'en mêle.

C'est ainsi qu'on a vu, au cœur de la crise la plus grave depuis la Deuxième Guerre mondiale, une administration mobiliser des bataillons d'agents pour trier par le micromenu ce qui est « essentiel » et ce qui ne l'est pas.

Les fours, non. Les poêles, oui. Les pierrades, oui. Les tables de cuisson, non. Un pyjama enfant 2 ans, oui. Un pyjama enfant 3 ans, non. « On marche sur la tête », s'est écrié Michel-Edouard Leclerc en découvrant la liste. L'un de ses concurrents, Monoprix, en a même fait une campagne de publicité en magasin : « Les vêtements pour enfants jusqu'à 3 ans sont à nouveau essentiels. Les autres sont priés d'arrêter de grandir » ; « Une commission venant de conclure que l'eau ça mouille, nous avons finalement le droit de vous vendre des parapluies ».

La machine à déraison était lancée.

Cette folie du bâchage ciblé a pris racine quand les librairies, qualifiées de « non essentielles » à l'heure même où la France était à nouveau attaquée par l'obscurantisme, durent baisser leur rideau. « La littérature ne permet pas de marcher, mais elle permet de respirer[1] », écrivait pourtant Roland Barthes.

1. Roland Barthes, *Essais critiques*, Seuil, 1964.

Non essentiels, les livres, prolongements de l'école et alliés idéaux par temps de confinement ? Contrairement à la Belgique, la Suisse, l'Allemagne, les Pays-Bas ou la Grèce, la France est l'un des seuls pays européens à avoir fermé les librairies, elles qui avaient pourtant proposé de suivre un protocole sanitaire renforcé, tout comme ces agents immobiliers, autorisés à signer un mandat mais interdits de visites, sauf pour des HLM… Allez comprendre.

Quand les autorités constatèrent que Fnac Darty restait ouvert, leur sang ne fit qu'un tour : on ferme ! Demeurent les grandes surfaces ? On bâche ! Et Amazon ? On interdit ! Non, pardon. On ne peut pas aller jusque-là. La bonne bureaucratie en a rêvé, sans doute. Tout le monde n'a pas la chance d'avoir un président communiste. Les habits neufs du président Xi Jinping, qui a su, lui, bouter hors de Chine les si puissants GAFA, en ont fait fantasmer plus d'un. Nous ne sommes pas passés loin.

Dans le même temps, la cellule interministérielle de crise se demandait encore si le linge de maison, les draps et les serviettes étaient ou non, comme les assiettes et les plats, dignes d'être encore achetés en magasin.

La « Gorafisation » de nos vies

Parce que l'Etat nounou œuvre pour la vie et contre la mort, pour le bien et contre la maladie, parce qu'il préfère aussi sans doute la paix à la guerre, l'été à l'hiver, rien ne doit pouvoir l'arrêter. Chevalier du bonheur imposé, il n'a dès lors aucune limite.

Assermenté, débarrassé de surmoi, galvanisé par la noblesse de sa cause, protégé par les pouvoirs étendus que lui confère l'état d'urgence, incité à démultiplier les précautions pour échapper aux critiques tout autant qu'au pénal (ce qu'il faudra interroger), tout a concouru à ce que l'Etat nounou finisse empêtré dans des abîmes d'absurdité.

Même le souci de « localisme », pour reprendre l'expression de Nassim Nicholas Taleb[1], a explosé en vol quand l'éléphant bureaucratique s'est mis à édicter, depuis

1. Nassim Nicholas Taleb, *Jouer sa peau*, Les Belles Lettres, 2017.

des bureaux sans fenêtres aux abords de la Seine, des normes « pour notre Bien » toujours plus précises et plus déconnectées de la réalité du terrain.

C'est ainsi que la marche en montagne, même seul, fut qualifiée d'activité « non essentielle », que les stations de ski furent rouvertes mais pas les remontées mécaniques ou qu'il fut dans un premier temps décidé que les lieux de culte seraient réservés à trente fidèles, qu'on soit dans une chapelle ou dans la cathédrale de Lisieux.

Le journal satirique *Le Gorafi* se sentit dépassé par tant d'incongruité et dut redoubler d'imagination pour rivaliser avec les nouvelles officielles en imaginant une volte-face du Premier ministre annonçant que les remontées mécaniques seront finalement ouvertes mais pas les stations de ski ou que les salles de cinéma seraient à nouveau accessibles au public mais sans permission d'y diffuser des films…

Dans la vraie vie, les interdictions n'ont cessé de pleuvoir en dépit du bon sens. Des vétérinaires, des étudiants, des chercheurs ont proposé leur aide alors qu'on manquait de bras pour tester : non. Le muguet du

1er Mai pouvait être vendu, dehors, en respectant les gestes barrières : non. Le sapin de Noël pouvait être commercialisé en extérieur : non. Attendez, oui. Mais il faut un décret. Interdiction toutefois d'acheter les boules et les guirlandes. Il faut un autre décret. On s'est même demandé si le gouvernement n'allait pas décréter que, cette année, Noël serait en juillet.

Même Anne Hidalgo, la maire de Paris, élue socialiste alliée aux communistes, ces héros du planisme, s'est trouvée bouleversée, comme le rapporte Vanessa Schneider dans *Le Monde* du 16 octobre 2020 : « C'est le pire souvenir de ma vie politique, un bras de fer harassant. Nous nous sommes heurtés à une bureaucratie délirante qui, de façon fanatique, conçoit son rôle comme celui de producteur de normes. »

Pendant la période, le meilleur retour d'expérience locale, éclairé par une compréhension fine des mécaniques incongrues qui étaient alors à l'œuvre, c'est celui de David Lisnard, le maire de Cannes, dans une tribune très remarquée du *Figaro* dans laquelle il précise, sans fard : « Mais que personne ne se méprenne. Le mal n'est pas conjoncturel, lié à la sidération que continue de produire la pandémie chez nos gouvernants. Cette absurdité bureaucratique qui entrave et ralentit, freine et décourage, parfois jusqu'à empêcher l'action créatrice, nous la subissons dans nos mairies ou entreprises tout le temps, et de façon croissante ces dernières décennies. Le travers n'est pas dû à la crise sanitaire, il en est simplement plus apparent dans des circonstances qui exigent rapidité, simplicité, clarté, sérénité, autorité[1]. »

Ubu, décidément, a mangé son pain blanc en son banquet garni. L'épidémie de Covid-19 aura bien été le baromètre fiévreux d'un phénomène beaucoup plus profond qu'il n'y paraît.

A la levée d'écrou, après la pandémie, c'est à ce mal-là qu'il faudra s'attaquer.

---

1. David Lisnard, « La crise du Covid révèle la folie bureaucratique française », *Le Figaro*, 15 novembre 2020.

Chapitre 2

Un besoin profond de maternage

Tel un baromètre de nos passions serviles, nos réactions excessives face à la Covid-19 puisent au tréfonds de l'âme du pays. Le gène, on le verra, est si ancré qu'on aurait pu anticiper la centralisation et le jusqu'au-boutisme bureaucratique de nos réponses tout comme la défiance, elle aussi prévisible, à l'encontre des libertés guidées par la responsabilité humaine.

D'aucuns pourront arguer que la critique est facile et l'art, difficile. Personne n'en doute, le propos n'est pas là. D'autres invoqueront des circonstances d'une particulière exceptionnalité pour justifier de mesures certes liberticides mais guidées par l'urgence et qui, une fois le virus terrassé, disparaîtront avec lui, ce dont il faudra s'assurer.

Le libéral radical Gustave de Molinari dit lui-même que « la législation qui convient aux époques de tranquillité n'est pas celle qui convient aux époques des grandes perturbations sociales[1] ». En commentant les troubles de 1848, le même précise, avec des mots qui résonnent en nos heures : « Le seul droit qu'on puisse se réserver, c'est d'examiner plus tard, quand les circonstances seront redevenues calmes, si l'autorité a été juste et bien inspirée dans ses décisions ; [...] si encore ses déterminations n'ont cédé à aucune influence particulière, si elles ont toujours été prises en vue du salut public. Voilà ce qu'on peut examiner après le danger, lorsque le régime exceptionnel [...] a cessé d'être en vigueur. Jusque-là il convient de se soumettre et de se taire[2]. »

Il en va ainsi des guerres, des révolutions comme des pandémies. Elles impliquent

1. Gustave de Molinari, *Le Commerce*, *Œuvres complètes*, tome V, Editions de l'Institut Coppet, 2020.

2. *Idem*.

nécessairement une intervention publique massive mais le pire serait toutefois, après avoir vécu un tel traumatisme, de n'en tirer aucun enseignement. Le risque n'est pas mince : « Le fait que les hommes tirent peu de profit des leçons de l'Histoire est la leçon la plus importante que l'Histoire nous enseigne[1] », prévient Aldous Huxley. Nous devons impérativement prendre de la hauteur et ouvrir un débat jusqu'alors trop peu actif sur l'infantilisme rampant de nos sociétés. Il devient en effet primordial, pour ne pas dire vital, d'affronter ce travers, ce besoin de maternage, cette dépendance croissante envers les solutions invasives et autoritaires dont la germination progresse irrésistiblement depuis des décennies.

Une mécanique infernale

Nul ne sait, de la poule ou de l'œuf, qui a initié le processus de maternage de nos existences. Les agents du pouvoir ou le peuple

1. Aldous Huxley, *L'Olivier et autres essais*, Desclée de Brouwer, 1946.

en attente ? Face à la pandémie, le politique et la bureaucratie ont-ils seulement agi pour faire face à un risque inédit ou en réponse à une appétence massive et insistante de protection ? Partout dans le monde, la popularité des dirigeants a globalement suivi la courbe du durcissement des mesures. La plupart des études d'opinion révèlent aussi qu'une part croissante de la population exige du pouvoir toujours plus de sécurité, fût-elle au prix d'une contraction des libertés. En nos contrées, c'est vers l'Etat que chacun se retourne dès qu'un risque, quelle qu'en soit la nature, se réalise.

Cette envie transforme en profondeur le rôle et la légitime ambition de protection de l'Etat (du latin *status,* dérivé du verbe *stare*, « se tenir debout »), qui, de strictement « régalien », est devenu « social », « providence » puis désormais « nounou », au point d'alimenter une nouvelle idéologie : le précautionnisme, cette religion de la protection absolue et du risque zéro, quoi qu'il en coûte. La constitutionnalisation du principe de précaution le 1er mars 2005 fut une étape sous-estimée de cette mécanique de bureaucratisation massive.

A force d'être pris en charge, désengagé, déresponsabilisé, le citoyen perd ses repères et désapprend la liberté. Dès lors, il demande plus de sécurité. L'Etat est ainsi devenu notre premier et dernier recours à la moindre contrariété. Un peu comme si Ulysse, incapable de prendre une telle décision, attendait de l'Olympe qu'on l'attache à son mât. Plus les attentes envers le pouvoir augmentent, plus, paradoxalement, sa capacité à rassurer se fragilise, la probabilité de décevoir étant proportionnelle à l'amplitude exponentielle des espérances. Le « dégagisme » boit clairement de cette eau-là.

Ce rapport malsain à la norme et à la liberté, ce dos par trop courbé face à des instances publiques aux ramifications disproportionnées, participe d'une terrible « sécuritocratie », comme dit Peter Sloterdijk[1]. Monique Canto-Sperber va jusqu'à évoquer la « fin des libertés[2] » alors que le retour du terrorisme et la pandémie

1. Entretien avec Christophe Ono-dit-Biot, *Le Point*, 18 mars 2020, dans lequel Sloterdijk parle même de « médicocratie ».

2. Monique Canto-Sperber, *La Fin des libertés*, Robert Laffont, 2019.

ont centralisé le pouvoir et fait passer la liberté pour une exigence secondaire.

Si certains expriment leur désir de sécurité et d'intervention, d'autres, plus gaulois ou plus autonomes, pestent contre ces règles. Face à des réactions aussi contradictoires, le cœur d'un élu balance quand celui des aspirants au pouvoir flatte sans limite nos penchants sécuritaires pour conquérir nos voix.

Par un tragique effet pervers, nos psychologies autant que nos capacités à nous autodiscipliner finissent par être affectées. On se souvient que, malgré une communication alarmante sur les gestes barrières et l'interdiction de rassemblements en nombre, il a fallu des compagnies de gendarmes et des coups de sifflet pour que la foule cesse de s'agglutiner au soleil du printemps sur le bord des mers ou des canaux. Ces images, déconcertantes d'incivilité, ne servaient pas les discours invitant à la confiance et à la responsabilité. N'oublions toutefois pas que la fragilité croissante de nos facultés autorégulatrices a précisément à voir avec le recul des libertés et la défiance réciproque entre les citoyens et leurs représentants.

En se déployant, l'Etat nounou annihile les mécanismes de régulation naturelle, alimentant par là même le recours à la contrainte. Plus on veut d'autorité, moins l'autorité est respectée ; plus le manque d'autorité est pointé, plus l'Etat devient autoritaire. Gouverner sous ces cieux tient tout autant du grand écart que de la surenchère.

Le politique, le bureaucrate n'agissent d'ailleurs pas en terre inconnue. Ils captent les attentes et les devancent souvent. Le commerce de la peur, comme celui des protections, est de toutes les saisons. La démocratie elle-même nourrit cette tentation de toujours plus réglementer et de toujours plus contrôler ce qui n'aurait dû l'être.

Cette spirale du Bien est le cœur battant d'une infantilisation tout autant subie que désirée.

Reviens, Tocqueville, ils sont devenus fous

Dans le second volume de *De la démocratie en Amérique*, paru en 1840, Alexis de Tocqueville décrivait déjà, avec une lucidité et une précision troublantes, ce qui se joue aujourd'hui : « Tous conçoivent le gouvernement sous l'image d'un pouvoir unique, simple, providentiel et créateur » ; « Les peuples démocratiques haïssent souvent les dépositaires du pouvoir central ; mais ils aiment toujours ce pouvoir lui-même. [...] J'ai montré que l'égalité suggérait aux hommes la pensée d'un gouvernement unique, uniforme et fort, je viens de faire voir qu'elle leur en donne le goût. » Le souverain, dès lors, réduit « chaque nation à n'être plus qu'un troupeau d'animaux timides et industrieux, dont le gouvernement est le berger ». Où l'on retrouve la bride et l'envie de parquer.

Puisque la pandémie a été associée à une « guerre », ce que nous en dit Tocqueville, toujours dans la *Démocratie*, est éclairant : « Tous les peuples qui ont eu à faire de grandes guerres ont été amenés, presque malgré eux, à accroître les forces du gouvernement. Ceux qui n'ont pas pu y réussir ont été conquis. Une longue guerre place presque toujours les nations dans cette triste alternative, que leur défaite les livre à la destruction, et leur triomphe au despotisme. » C'est ce despotisme-là auquel il ne faut rien céder.

Tocqueville prévient : « La guerre ne livre pas toujours les peuples démocratiques au gouvernement militaire ; mais elle ne peut manquer d'accroître immensément, chez ces peuples, les attributions du gouvernement civil ; elle centralise presque forcément dans les mains de celui-ci la direction de tous les hommes et l'usage de toutes les choses. Si elle ne conduit pas tout à coup au despotisme par la violence, elle y amène doucement par les habitudes. »

L'habitude de vivre privé de liberté : voilà l'odieux piège auquel il nous faut réchapper. Non seulement en veillant très précisément à ce que toute liberté mise en suspens dans un contexte d'état d'urgence soit intégralement restituée mais aussi en refusant la facilité et l'efficacité illusoire des libertés contenues.

Dans *L'Ancien Régime et la Révolution*, le génie normand explique également que le pouvoir central, après avoir détruit toutes les instances intermédiaires, devient le seul ressort de la machine sociale autant que la souche des insatisfactions futures. « Chacun s'en prend déjà au gouvernement de toutes ses misères. Les plus inévitables sont de son fait ; on lui reproche jusqu'à l'intempérie des saisons. » Quelques années plus tard, en 1872, l'économiste et futur ministre Yves Guyot prolongeait le raisonnement tocquevillien dans *Nos préjugés politiques* : « Il est vrai que si l'on est disposé à attribuer à l'Etat tout le bien qui se fait, on est disposé aussi à lui reprocher tout le bien qui ne se fait pas et tout le mal qui se produit. […] Du moment qu'on en fait un être providentiel, il supporte toutes les responsabilités. »

Depuis lors, le moteur de l'infantilisation tourne à plein régime. Sa fumée nous étouffe et l'insatisfaction chronique déclenche de nouveaux feux. Jusqu'à incendier la plaine des libertés humaines.

Chapitre 3

L'irrésistible expansion de l'Etat nounou

L'Etat nounou n'en est pas à sa première bougie. Il y a quinze ans, mon premier essai, *La Grande Nurserie, en finir avec l'infantilisation des Français*[1], lui était déjà consacré. Inspiré de l'ouvrage précurseur de Michel Schneider, *Big Mother*[2], et de la littérature anglo-saxonne dénonçant le *Nanny State* (que j'avais alors tout simplement traduit par « Etat nounou », une expression qui depuis lors a fait recette), ce livre en appelait à sortir d'urgence d'une emprise ram-

1. *La Grande Nurserie, en finir avec l'infantilisation des Français*, JC Lattès, 2006, version poche mise à jour, JC Lattès, 2010.
2. Michel Schneider, *Big Mother*, Odile Jacob, 2005.

pante dont nous ne pourrions bientôt plus nous extraire et qui pourrait nous mener tout droit à l'autoritarisme. Depuis lors, *Big Nanny* n'a cessé de prospérer.

Les immixtions dangereuses

En ce temps-là, « pour notre Bien », des gouvernants et des bureaucrates commençaient à pénétrer nos maisons et nos entreprises pour inverser la charge de la preuve et nous présumer coupables. Pour ces agents du Bonheur imposé, un citoyen devenait à la fois un danger, une victime et une opportunité. Un danger pour les autres comme pour lui-même ; une victime à sauver y compris d'elle-même ; une opportunité politique et technocratique pour accroître l'amplitude d'un pouvoir aspirant, car telle est sa nature, à grandir. Bertrand de Jouvenel a écrit de très belles pages sur cette souveraineté envahissante[1].

---

1. Bertrand de Jouvenel, *Du pouvoir, histoire naturelle de sa croissance*, 1945.

C'est ainsi que le monde des adultes véritables s'est réduit à la portion congrue des « élus », au sens presque divin du terme, les autres étant priés de retrouver leurs culottes courtes et de laisser la puissance tutélaire agir à leur place.

Entre 2006 et 2010, date de la parution de mon essai en poche, la montée en puissance de l'Etat « fais pas ci, fais pas ça » était telle que la mise à jour s'avérait conséquente : l'Etat et ses satellites nous avaient enjoint, entre-temps, de « manger cinq fruits et légumes par jour », de « boire quand il fait chaud » et de « faire du sport » en préférant « les escaliers aux ascenseurs ». Ils nous prévenaient aussi que « manger du sucre fait grossir » ou que « boire de l'alcool est dangereux pour les femmes enceintes ». Prises isolément, ces recommandations semblaient inoffensives et frappées au coin du bon sens. Elles semblaient même habitées par un désir de réconciliation de l'intérêt individuel et de l'intérêt général. Déjà, pourtant, la pression bienveillante et « surveillante » du Bien contenait en son tréfonds un mécanisme de dégénérescence programmée de notre bien le plus précieux : la liberté.

Une dizaine d'années plus tard, chacun mesure la force de ces intrusions douces jusqu'à interroger la légitimité de l'émetteur : est-ce vraiment à la sphère publique de se charger de ces sujets ? N'a-t-elle pas mieux à faire et à dépenser ? N'est-ce pas aux adultes de s'en préoccuper ? Aux parents d'éduquer leurs enfants ? A force de tout nous dire, de tout anticiper, de tout saisir, l'Etat nounou nous engourdit, nous déresponsabilise et, parce que le risque zéro n'existe pas, construit sa propre rampe de lancement pour pénaliser toujours plus des comportements qu'il ne manquera bientôt pas de qualifier de déviants.

Par un foudroyant effet cliquet qu'a enfanté une certaine inculture de la liberté, de la responsabilité et du risque, un véritable *Empire du Bien*[1] empoisonne désormais nos vies et nous place sous un regard public de plus en plus insistant. Partout il

1. Philippe Muray, *L'Empire du Bien*, Les Belles Lettres, 1991.

sème des bombes à retardement chargées de poudre despotique.

Aujourd'hui, du Nutella aux sodas, du sucre à l'aspartame, comme il en est allé de l'alcool et plus encore de la cigarette, que certains rêvent tout bonnement d'interdire, comme au bon vieux temps de la Prohibition, tous nos menus plaisirs sont passés au crible de la police du « bien se comporter », d'aucuns ambitionnant même d'interdire certains aliments ou, à tout le moins, de les taxer et d'en interdire la publicité.

La consommation elle-même est pointée du doigt par les instances publiques, y compris les grandes journées de soldes comme le « Black Friday », le politique et les services oubliant étrangement que les individus sont libres et responsables, et qu'ils peuvent encore faire ce qu'ils veulent du résidu d'un salaire dont l'Etat et ses instances ont déjà prélevé une part non négligeable. A-t-on encore le droit de faire ce que l'on veut, dès lors que l'on ne porte pas atteinte aux droits d'autrui ? Le piège d'une déshumanisation hygiéniste au service d'un monde aseptisé sacrifiant l'humanisme profond hérité de siècles de la pensée se referme sous nos yeux.

Quelques illustrations achèveront de convaincre, surtout si nous acceptons de dessiller nos regards en examinant l'effet d'accumulation et la dynamique ascensionnelle de ces recommandations et normes infantilisantes.

De l'Etat père Noël à l'Etat père Fouettard

Sous l'égide de l'Etat, l'Agence de la transition écologique (ADEME) a, en novembre 2020, cherché à modifier jusqu'à notre approche de Noël en édictant un guide pratique pour « Un Noël juste parfait ».

Dans ce fascicule dégoulinant de moralisme public, l'Etat nounou nous explique à coups de « tutos » que si, « pour petits et grands, Noël reste synonyme d'émerveillement, de bons repas et de beaux moments en famille », « pour l'environnement, le tableau est moins reluisant : gaspillage alimentaire, surconsommation, déchets supplémentaires… ». « Et si, nous dit l'Etat père Fouettard, la magie de Noël consistait justement à faire doublement du bien, aux siens et à la planète ? »

Suivez le guide.

Des cadeaux ? Oui, mais pas trop. Des cadeaux neufs ? Vous n'y pensez pas ? Il faut offrir des « cadeaux de seconde main » et des « produits reconditionnés ». « Pourquoi acheter neuf des produits dont la fabrication a mobilisé beaucoup de ressources et de matières premières et qui font souvent de très longs trajets pour arriver jusqu'à nous ? »

Le e-commerce ? Oui, mais « attention toutefois : l'e-commerce, c'est aussi des retours produits trop fréquents qui alourdissent l'impact du transport »...

Du papier cadeau ? « Les papiers cadeaux peuvent resservir d'une année sur l'autre, à condition de ne pas les déchirer ni les froisser. »

Des cadeaux futiles ? Non : « l'utile plutôt que la babiole ». « Pourquoi pas un kit zéro déchet plutôt qu'un objet qui ne servira pas ? »

Des jouets ? Oui, mais « de seconde main et sans piles, non parfumés (les odeurs sont signes d'émissions de composés organiques volatils, irritants pour les voies respiratoires), avec le moins de plastique possible ».

Un sapin ? Oui, mais « pourquoi pas un sapin fait maison ? Internet regorge de tutos à base d'objets (planches, branchages, livres empilés…), avec des versions murales pour les petits espaces ».

A l'avenir, « 3 règles d'or », vient nous dire l'Etat nounou : « le trop est l'ennemi du bien » ; « le bon cadeau à la bonne personne » (« option pour les familles : organiser un "tirage au sort" où chaque membre de la famille sera chargé d'offrir un cadeau à une seule personne ») ; « l'occasion plutôt que le neuf » (« mais attention à ne pas remplacer un appareil qui fonctionne encore [comme le font 88 % des Français], au risque d'annuler le bénéfice écologique de votre cadeau »).

Culpabilité, infantilisme et moraline, comme disait Nietzsche, sont au rendez-vous de cette intrusion symptomatique de la bureaucratie dans nos vies. Difficile de se dire « en même temps » l'allié du pouvoir d'achat et de la production. Difficile aussi de ne pas imaginer ces agents assumés du Bien se mettre en rogne dans quelques hivers contre notre mauvaise volonté ou nos mauvais résultats pour nous contraindre bien davantage sur l'ensemble de nos comportements futurs. Jusqu'à supprimer Noël ?

Une affaire de mère

La politique est devenue une affaire de mère. Une mère en apparence aimante, mue par de bons sentiments, de nobles ambitions. Mais une mère étouffante, assassine de la moindre parcelle de notre liberté, refusant de voir grandir ses petits et asséchant à petit feu notre esprit de responsabilité. Une mère obèse qui, pour financer sa généreuse protection, nous prélève et nous endette toujours davantage.

A force de refuser de donner des ailes à ses petits, la société qu'elle engendre devient victimaire, plaintive, geignarde. Elle peut aussi devenir violente, les enfants exagérément couvés manifestant par toute une série de troubles bien connus des psychiatres leur désir d'émancipation.

Le Bien, lui, galope plus vite que les forces d'affranchissement. Au moindre bobo médiatique, on fait intervenir la Maman nationale, comme on l'a vu à l'époque de Leonarda, avec à son chevet le président Hollande. Cette léonardisation des esprits, qui branche avec la magistrature suprême toute victime sous le feu des caméras, porte en elle un venin interventionniste dont la puissance n'a d'égale que l'incitation que ce type d'événement engendre sur la manière de se comporter avec ses propres souffrances comme avec le pouvoir.

Dès lors, le paradis, c'est pour bientôt ? Après l'inscription sur nos barres chocolatées « Le sucre fait grossir », va-t-on bientôt écrire, sur le fronton des maternités, que « toute naissance accroît de 100 % le risque de mourir un jour » ? Il est bien temps de nous prévenir.

Chaque jour, l'Etat nounou s'éloigne de la devise de Lysander Spooner : « Les vices ne sont pas des crimes. » Ce penseur américain du XIXe siècle, à la fois entrepreneur et juriste, considérait que les actes par lesquels un homme peut nuire à sa propre personne ou à ses biens doivent être nettement distingués des actions attentant à la personne ou aux biens d'autrui. Il y voyait là une frontière morale et juridique que l'Etat moderne a outrageusement piétinée. « Pour notre Bien… »

Une progression aux mille visages

Si la pandémie a déclenché nombre de débordements infantilisants en France, d'autres pays n'ont pas été épargnés.

Du côté des régimes illibéraux ou autoritaires, la poigne et l'ambition de contrôle sont même montées d'un cran. Le maternage sanitaire a ainsi vu le Premier ministre hongrois Viktor Orban s'allouer les pleins pouvoirs fin mars 2020 quand la Chine, foyer de l'épidémie, a fait usage de drones pour traquer les masques oubliés tout en multipliant les caméras devant les maisons placées en quarantaine. Malgré le recul apparent du virus dans cette zone, l'ensemble des mesures de surveillance demeurent et demeureront[1].

1. Sofia Nazalya, « China's COVID surveillance measures are here to stay », *Verisk Maplecroft*, 20 mai 2020.

La collaboration entre le parti communiste chinois et les géants Alibaba, Baidu, ByteDance, Tencent et Xiaomi, tous disposés à croiser leurs données pour endiguer la pandémie en traquant les comportements, ouvre quant à elle le champ à d'autres applications de surveillance individuelle pour le moins préoccupantes[1]. Avec pour force de séduction un mot terrible : efficacité.

Du côté des démocraties, la comparaison entre l'approche essentiellement pénalisante et infantilisante de certains pays et une approche plus responsabilisante et nourrie de science cognitive telle que celle qui a pu se déployer en Nouvelle-Zélande a révélé les vertus de la seconde[2]. Taïwan, où il n'y a eu ni attestation ni masque dans la rue, ni bâchage des produits « non essentiels », fait aussi office de modèle. Ils ont misé avec succès sur la confiance tout en mettant en place des quarantaines très strictes des voyageurs à l'arrivée sur le territoire et des cas contacts, et l'isolement obligatoire

1. Lydia Khalil, « Digital authoritarianism, China and Covid », *Lowy Institute*, 2 novembre 2020.

2. Klay Lamprell, « Covid-19: Bridging the gap between common sense and nanny state », *InSight+*, 8 juin 2020.

des malades[1]. S'il est difficile de décider dans un contexte d'incertitude, l'approche française, héritée de siècles d'habitudes, n'a pas brillé.

Au Royaume-Uni, pendant que le président français invitait ses concitoyens à « porter le masque à la maison », des scientifiques relayés par les pouvoirs publics ont suggéré qu'à Noël, les familles avec enfants proscrivent les jeux de société et leur préfèrent les quiz. Dans la même veine, au-delà du champ épidémique et après qu'on a pu apercevoir – une fois – un Boris Johnson souffrant de surpoids faire non sans souffrance des pompes à la télévision, un mouvement de rébellion a vu le jour alors qu'un projet de loi ambitionnait d'interdire toute publicité en ligne pour la *junk food*, ces aliments considérés comme trop salés ou trop sucrés, y compris le chocolat, le beurre de cacahuète ou les saucisses si appréciées des sujets de Sa Majesté.

La France n'est pas en reste sur le sujet, elle qui a déjà commencé à taxer les sodas

1. Jérémy André, « Mais comment fait Taïwan face au Covid ? », *Le Point*, 10 décembre 2020.

en 2012 et qui envisage de supprimer les publicités pour des produits trop néfastes, y compris pour le climat. Comme l'a écrit Etienne Gernelle, « la censure publicitaire, c'est de la censure ! ». Cette « idée de gendarmer le désir » au moyen de ce genre de « gadgets » ou de « postures » « repose sur la négation du libre arbitre » et sur « du puritanisme et du paternalisme »[1]. Les citoyens n'étant pas capables de décider par eux-mêmes ni d'éduquer leurs enfants et la Sécurité sociale étant en déficit, allons-nous bientôt voir nos menus fixés par l'Etat, sauf à être radiés de l'assurance-santé ?

A New York, c'est la lutte antitabac qui atteint des sommets, la taxation étant à son comble (le paquet est à 13 dollars minimum), les épiceries dotées d'un rayon pharmacie étant depuis 2017 interdites de vendre des cigarettes et une proposition ayant même envisagé d'interdire de fumer en marchant dans la rue[2]... Dans le

1. Etienne Gernelle, « La censure publicitaire, c'est de la censure ! », *Le Point*, 28 octobre 2020.

2. Christian Britschgi, « New York City greets the New Year with a host of new nanny-state rules », *Reason*, 1er février 2019.

même temps, le marché noir de cigarettes a explosé, 56 % des cigarettes consommées dans l'Etat ayant été introduites en contrebande[1]. A quand l'interdiction de fumer ?

La situation la plus cocasse est survenue au Bhoutan, le premier pays au monde à avoir, en 2010, totalement interdit la culture, la production, la vente et la distribution de tout type de produit issu du tabac, seule l'importation pour la consommation personnelle, en quantités restreintes, y étant autorisée. En raison de la Covid, le gouvernement a dû autoriser à nouveau le tabac « pour des raisons sanitaires » car les fumeurs n'étaient plus en mesure de se déplacer à l'extérieur du pays pour se procurer du tabac, et la contrebande était montée en flèche...

---

1. *Idem.*

Une envie de pénal

En France, la création d'un délit d'« écocide » met en lumière la logique dévorante du trio « information/interdiction/pénalisation ». Si la prise de conscience de l'impérieuse nécessité de décarboner le monde et d'agir en responsabilité avec l'environnement n'a heureusement cessé de croître ces dernières années, en s'appuyant notamment sur ce que la science et la raison nous ont appris, il est inquiétant de voir le pénal s'immiscer ainsi dans chacune de nos décisions au moment même où le monde des affaires et la finance elle-même ont très largement perçu l'intérêt d'accompagner un tel mouvement. Il suffit d'observer la dynamique structurellement paralysante (et humainement compréhensible) de la responsabilité pénale sur tout Premier ministre arrivant en fonction en France pour mesurer l'effet inhibiteur de ce type d'invention. Même l'un des plus grands alliés du déconfinement en un temps où le Premier ministre et ses équipes souhaitaient prolonger le confinement, contre l'avis du président, provoquant au printemps une crise de confiance irrémédiable entre eux, est devenu le plus fervent défenseur d'un confinement sévère une fois arrivé à Matignon…

La responsabilité civile, corollaire naturel de la liberté et déjà présente dans notre droit, paraît infiniment plus adaptée pour guider les comportements qu'un nouveau délit que d'aucuns rêvent déjà de transformer en crime. Quant à modifier l'article 1 de la Constitution pour y inscrire la garantie par la République de la préservation de la biodiversité, de l'environnement et de la lutte contre le dérèglement climatique, l'intention est louable mais n'est-on pas en train d'oublier qu'un texte constitutionnel est avant tout fait pour protéger les citoyens des pouvoirs de l'Etat et non pour lui en conférer toujours plus ?

Que l'on ne se méprenne pas : le durcissement de la législation au service du mythe du risque zéro fait partie du processus d'infantilisation. En l'espèce, il est d'autant plus étonnant qu'il pourrait se retourner, par un effet d'arroseur arrosé, contre ceux qui l'ont porté puisque les mêmes ont confirmé la fermeture de la centrale de Fessenheim, le nucléaire figurant pourtant dans les publications du GIEC parmi les tout premiers alliés d'un monde décarboné. Il n'y a donc pas qu'Ubu qui se régale à la table de l'Etat nounou. Tartuffe aussi ?

D'autres « écolotrémistes », éprouvant, comme disait Balzac, « le besoin de l'idéal dans les sentiments[1] », vont plus loin encore en ambitionnant de nous priver, « pour notre Bien », de parts non négligeables du progrès scientifique et technologique et des avancées sociales et éducationnelles qui vont avec. C'est par exemple le cas du nouveau maire de Grenoble quand il résume outrageusement dans l'édition du *Midi libre* du 6 juillet 2020 que « la 5G servira à regarder du porno dans l'ascenseur en HD », omettant au passage que, sur le plan environnemental, cette technologie est moins coûteuse en carbone que la 4G[2].

Que penser par ailleurs de son collègue de Bordeaux, Pierre Hurmic, qui, comme

1. Honoré de Balzac, *Le Faiseur*, 1848.

2. Le Haut Conseil pour le climat semble oublier dans son rapport sur la 5G les émissions évitées par le numérique : une tonne de CO_2 émise par le digital, c'est 10 tonnes évitées par les autres secteurs.

le relate *Le Figaro* du 11 septembre 2020, a interdit à sa municipalité de mettre des sapins de Noël dans la ville parce que ce serait « des arbres morts » ne correspondant pas à sa « conception de la végétalisation » tout en annonçant l'adoption d'une « charte des droits de l'arbre » ? Les Bordelais pourront-ils tout de même avoir un sapin chez eux l'année prochaine ?

Le vrai patron

Depuis des décennies, quelle que soit la couleur politique du pouvoir, le vrai patron, c'est l'Etat nounou. Dresser la liste exhaustive de ses interminables manifestations pourrait devenir fastidieux. Du « retour » évident des Etats dans le champ économique où, en France et avant même le « quoi qu'il en coûte », il était déjà si présent, en passant par ces ministres qui nous expliquent qu'ils vont inventer une alternative au capitalisme à coups de lois et de circulaires et par les normes qui se déversent en cascade sur nombre de secteurs, de la construction à l'immobilier, du marché du travail au monde agricole, des coiffeurs aux chauffeurs de VTC, du commerce au travail à domicile, des transports aux hôpitaux, ce sont des bibliothèques de textes et d'opportunités de contrôles qui ne cessent de se remplir. L'Europe, si essentielle à notre avenir, n'est pas en reste du côté de ces obsessions bureaucratiques.

Dès 2003, le « rapport Couanau », un rapport d'information de l'Assemblée nationale sur l'organisation interne de l'hôpital, mettait en évidence les risques de bureaucratisation extrême de l'hôpital et leurs conséquences sur le manque de pragmatisme du management des établissements hospitaliers. Etait notamment pointée une organisation administrative portée par une centaine de superstructures, comprenant des Directions, Services, Conseils, Autorités, Comités, Commissions, Conférences, Instituts, Agences nationales, Agences régionales, et une Caisse nationale d'Assurance Maladie. Aucun directeur général d'agence régionale de santé ne serait en mesure, chaque jour, de prendre connaissance des circulaires, arrêtés, décrets, recommandations, instructions de toutes sortes qui lui sont adressés par les différents échelons dont l'existence même est liée à cette production administrative, ce qui n'incite ni à l'autonomie, ni à l'initiative.

Autre faille du système, un hospitalocentrisme excessif qui aura, contrairement à d'autres pays, fait porter la totalité du poids de la pandémie sur les seuls hôpitaux publics, avant que l'on s'avise que des pans entiers de nos ressources médicales (la médecine de ville, les dispensaires, les centres pluridisciplinaires, les laboratoires, les cliniques et les pharmacies) auraient pu être mobilisés en amont de l'hospitalisation. Ce centralisme aveuglant, fruit de la dynamique de défiance et d'infantilisation au bénéfice d'un Etat papa, maman et chef de service, est à l'origine d'un fascinant gaspillage d'énergie et de solutions qui auraient pu et dû émaner d'un échange permanent, comme il a eu lieu par exemple en Allemagne, entre les parties prenantes et avec les communes, les départements, les régions mais aussi les acteurs du privé, les entreprises, les associations et les citoyens eux-mêmes. Au micro de Sonia Mabrouk sur Europe 1, l'épidémiologiste et biostatisticienne Catherine Hill s'est agacée de la frilosité bureaucratique de l'Autorité de santé qui ne veut pas faire de tests salivaires sur le fondement d'une erreur d'interprétation des données. L'histoire des masques tardant à arriver en nombre suffisant sur le sol français n'est elle-même que la conséquence du fait que l'Etat ne sait pas bien acheter et s'est trop longtemps arrogé le monopole de cette fonction avant de mobiliser, sur la proposition d'un membre du gouvernement, les acheteurs professionnels en Chine ou ailleurs que sont les grands groupes de la distribution.

Sous les tonnelles d'acier couvertes de rubans roses, chaque disposition publique est destinée à nous protéger : du « spectacle d'une barbarie », comme dans la proposition de loi visant à interdire l'accès aux corridas aux enfants de moins de 14 ans, comme si les parents ne pouvaient le faire eux-mêmes ; de « l'anorexie », avec l'interdiction de faire défiler des mannequins trop minces ; ou de la canicule, en invitant à se mettre à l'ombre ou à s'inspirer d'un ministre ayant décidé d'apparaître à la télévision sans cravate.

Derrière cette stratégie de l'ombrelle ou du parapluie se cache la crainte des agents de la sphère publique de se voir reprocher une négligence, cette même crainte qui les incitera toujours davantage à transformer une recommandation en obligation et une prévention en interdiction. C'est même l'une des raisons, trop peu avancée, de l'inflation textuelle régulièrement dénoncée par le Conseil d'Etat et le Conseil national d'évaluation des normes. Les années électorales étant atypiques, l'année record demeure 2016 avec 2 392 articles législatifs adoptés, représentant 801 426 mots, auxquels il faut ajouter 1 906 articles issus d'ordonnances, soit 548 697 mots. Pourtant, et Montesquieu est sans doute celui qui l'a dit mieux que les autres, « les lois inutiles affaiblissent les lois nécessaires ».

La liberté d'expression, elle aussi, est la cible de cette logique d'infantilisation menant inéluctablement au contrôle social. Le projet de loi Avia, pour lequel il convenait « de prendre toutes les mesures nécessaires pour s'assurer de la protection de chacun et du respect d'un certain civisme sur Internet comme en tous lieux », constituait en cela une menace funeste. Il a fort heureusement été retoqué par le Conseil constitutionnel.

Si chacun a déjà été choqué ou peiné de propos échangés sur Internet, le fait de confier à l'administration le soin de déterminer le caractère condamnable de ces contenus tout en chargeant les plateformes d'une mission de police de l'expression qui ne saurait être la leur aurait clairement porté atteinte à nos valeurs fondamentales et nous aurait collectivement fait reculer du stade de la maturité à celui de la petite enfance.

Comme le rappelle François Sureau dans *Le Figaro* du 17 juin 2019, avec une formule que n'aurait pas reniée Benjamin Constant, « le dégoût comme l'indignation ne sont pas nécessairement les meilleurs soutiens de la liberté ». Nous sommes adultes et nous devons, en cela, accepter de payer le prix de la liberté en admettant que des propos nous déplaisent ou nous fassent réagir sans exiger immédiatement qu'on les retire.

Ceux qui pensent l'inverse commettent un crime contre l'intelligence et se font les complices, « pour notre Bien », d'un polissage préoccupant de la parole. Ils oublient aussi que le pouvoir, parce qu'il est exercé par des hommes et des femmes, n'est jamais parfaitement neutre et qu'il est dès lors infiniment préférable, y compris pour préserver notre Etat de droit et la démocratie, de sanctuariser l'expression libre plutôt que de la contenir. Ce qui vaut pour les mots vaut tout autant pour les films révélant les mauvais comportements de fauteurs de troubles comme des forces de l'ordre.

S.O.S. Bonheur

Derrière l'urgence rappelée ici de questionner l'imparfait du passé et du présent pour sortir grandis de cette crise, il est une sourde et profonde interrogation soulevée avec justesse par Bernard-Henri Lévy dans *Ce virus qui rend fou*[1] : avons-nous basculé dans le primat d'hygiénisme ?

S.O.S. Bonheur, la bande dessinée de Griffo et Van Hamme publiée en 1988 dans

1. Bernard-Henri Lévy, *Ce virus qui rend fou*, Grasset, 2020.

la collection « Aire libre » (cela ne s'invente pas !), nous aide à y répondre.

Jean Van Hamme explique en préambule qu'il entend s'attaquer au thème du bonheur contraint. « Lorsqu'une norme est imposée pour assurer le bonheur théorique du plus grand nombre, qu'advient-il de ceux qui, volontairement ou non, s'en écartent ? [...] Je voulais parler du danger que représentent pour la liberté individuelle les excès de "bien vouloir" d'un Etat dont on attend trop de bienfaits. » Le dessinateur, Griffo, réalisera en 2000, dans un texte également reproduit dans une réédition de l'album, combien « cette histoire ne risque pas de se démoder ».

Ce dernier ne croit pas si bien dire tant le chapitre « A votre santé ! » est troublant d'actualité. Il met en scène une jeune maman célibataire évoluant dans un monde masqué où la « police médicale » sonne à votre domicile pour vérifier vos installations électriques, s'assurer que vous avez écouté le « bulletin météo obligatoire » et vous enjoindre de porter un gilet si les températures venaient à baisser ou l'humidité à croître.

Comme pendant le premier confinement, où 21 millions d'entre eux ont eu lieu, les contrôles par les forces de l'ordre sont permanents : à la maison, dans le bus ou au bureau. Les restaurants ne vous servent rien d'autre que les menus peu appétissants correspondant au régime personnalisé défini par « l'Assurance Médicale Unifiée ». L'Etat décide du lieu de vos vacances en fonction, par exemple, du besoin d'iode de votre enfant. Et les amendes pleuvent à chaque manquement à la doxa hygiéniste. Lors d'une visite médicale, un médecin lâche : « La liberté est devenue une forme d'hérésie qui doit être découragée pour le bien de tous. »

Les publicités pour les produits sucrés sont remplacées par des slogans plus vrais que nature : « Le courant d'air est l'ennemi du genre humain », « La santé est votre bien le plus précieux », « Avez-vous pensé à prendre votre température ce matin ? ». Sans oublier, gravé dans le bois d'un banc public : « Un baiser = un million de germes. Songez-y »…

Respirer… enfin !

La résistance, incarnée par un bellâtre « non affilié » aux allures de John Galt ou de Howard Roark, ces héros des romans d'Ayn Rand[1], se consomme à coups de frites, de steaks et de verres de beaujolais. Sous son influence, la jeune femme craque et s'émancipe. Symbole de son affranchissement, elle arrache le masque qui lui couvre le visage et s'écrie : « Respirer… enfin ! »

Le confinement généralisé, bureaucratique et policier, que nous avons subi au nom de l'urgence sanitaire et qui nous a vus maintenir, contre nos valeurs les plus supérieures, les détentions provisoires sans jugement, doit tous nous faire réfléchir. Puisque l'idée est de sauver la vie, voulons-nous vraiment vivre dans le repli sur soi d'un monde ressemblant plus à une nurserie qu'à un forum, où l'on n'embrasserait plus, où l'on se distancierait, où les visages se réduiraient définitivement à un regard,

1. Philosophe et romancière américaine d'origine russe, auteur d'*Atlas Shrugged* (traduction française *La Grève*, Les Belles Lettres, 2011) et *The Fountainhead* (traduction française *La Source vive*, Plon 1997 et 2008).

le plus souvent défiant ? Peut-on, en raison du terrorisme ou d'un virus, balayer d'un revers de la main la Déclaration des droits de l'homme et l'esprit des Lumières ? Où en sont notre liberté, notre dignité, notre destinée spirituelle ?

La seule vie méritant d'être sauvée est-elle « biologique » ? Le « biopouvoir », comme disait Michel Foucault, et le tatillonnisme bureaucratique, sorte de Sancho Panza d'une infantilisation portant fièrement l'armure, ont-ils définitivement gagné ? Ou nous saisirons-nous de cette épreuve pour raviver le goût de la liberté et nous mobiliser à nouveau pour elle sans considérer qu'elle est un avantage concédé par l'Etat mais notre droit le plus fondamental ? Allons-nous laisser les médecins du public décider de tout et, obsédés par le primat de la vie, la vider de substance au prix d'une inquisition croissante, tétanisant nos actes ? « Sauver des vies suppose que l'on sache donner un sens à la vie ; et que l'on connaisse le prix de la vie », écrivait le médecin et génie des lettres Jean Starobinski[1]. L'échange, n'en déplaise

1. Jean Starobinski, *Le Corps et ses raisons*, Seuil, 2020.

à nos nouveaux gardiens, est au cœur de la vie humaine et d'une certaine civilisation qu'il nous faut préserver. Après des mois d'interventionnisme extrême, il nous faut retrouver la liberté et la remettre à l'abri de ce que Tocqueville qualifiait d'un mot puissant : le « despotisme démocratique ».

Griffo et Van Hamme nous ont montré la voie. Ils ne dénoncent pas les règles nées dans le contexte si particulier d'une épidémie. Même le très libéral Hayek considérait que l'Etat devait intervenir en cas de pandémie. Tel un épisode prémonitoire de la série *Black Mirror*, leur œuvre commune nous invite en revanche, une fois la crise sanitaire maîtrisée, à nous serrer à nouveau la main, à désarmer nos regards de nos nouvelles suspicions, à dévoiler nos sourires. Et à nous méfier de ces déviances précautionnistes inventées « pour notre Bien » tant elles sont le terreau des prochains despotismes.

Chapitre 4

Les errances de Big Nanny

Réaliser à quel point la bureaucratie pénètre nos existences pour nous façonner selon ses vues, en déniant des pans entiers de nos libertés et en amenuisant nos capacités propres au fil d'interventions dont nous éprouvons de plus en plus le besoin, constitue une étape essentielle de l'ambition libératrice portée par ce livre. Il nous faut toutefois aller plus loin en interrogeant, avant la tentation autoritaire qu'elle alimente, les failles et les coûts largement sous-évalués de l'infantilisation.

Pour mieux appréhender ces questions, un détour du côté des théories sous-jacentes au déploiement de *Big Nanny* s'impose.

« Nudge » : une justification académique

Avant la pandémie, l'extension de l'Etat nounou à de très nombreux domaines a coïncidé avec l'émergence d'un mouvement intellectuel ambitionnant de faire la synthèse entre le socialisme et le libéralisme.

Improbable troisième voie, ce courant a connu son apogée quand le président démocrate des Etats-Unis, Barack Obama, et le Premier ministre conservateur de Grande-Bretagne, David Cameron, en ont fait la pierre angulaire de leur politique. Tous deux, l'un venant de la gauche, l'autre de la droite, y trouvaient l'alternative crédible aux systèmes antérieurs et le moyen de moderniser et d'optimiser l'action publique tout en la mettant véritablement au service des citoyens. En France, la culture interventionniste faisant partie de notre ADN, il n'aura pas fallu longtemps avant que la bureaucratie ne s'en empare.

Très séduisante dans sa présentation et étayée par des sciences cognitives en plein essor, cette théorie[1] dite du *nudge*[2] prend le contre-pied des postulats néoclassiques en partant du principe que les citoyens ne sont ni rationnels, ni suffisamment informés, et qu'ils peuvent dès lors prendre de mauvaises décisions, y compris pour eux-mêmes. L'Etat et ses agences ont donc pleine légitimité, comme dans *Un bonheur insoutenable*, la dystopie d'Ira Levin, pour corriger sans limite ces imperfections et désinfecter nos vies selon leurs vues : « Pour nous tous, il n'est qu'un but, un seul : la perfection. [...] La perfection sur Terre portant son drapeau loin, toujours plus loin, jusqu'aux étoiles[3]. »

Pour éviter de basculer dans la déresponsabilisation, les inventeurs du *nudge* invitent toutefois les décideurs à ne pas user de contrainte mais à nous aiguiller vers les attitudes les plus favorables. Préserver

1. Richard Thaler, Cass Sunstein, *Nudge, Improving Decisions About Health, Wealth and Happiness*, Yale University Press, 2008 (trad. fr. *Nudge*, Vuibert, 2010).

2. Que l'on pourrait traduire par « paternalisme libéral », même s'il est plus paternaliste que libéral, un *nudge* étant en anglais une sorte de « coup de coude » destiné à alerter quelqu'un, un « coup de pouce » bienveillant indiquant une direction plutôt qu'une autre.

3. Ira Levin, *Un bonheur insoutenable*, J'ai Lu, 1972.

la liberté de choisir tout en incitant les personnes à prendre de bonnes décisions constitue la dimension innovante d'un interventionnisme assumant sa dimension éclairée mais cherchant à nous éloigner des dangers du despotisme, même mou.

En voyant leurs démarches confortées par la théorie du *nudge*, le politique et le bureaucrate ont fait levier de cette justification scientifique en dépassant largement le domaine du régalien et du providentiel pour devenir, « pour notre Bien », les architectes incitatifs de nos choix les plus intimes. Grâce à elle, Léviathan a pu sereinement rimer avec Maman.

Des exemples les plus iconoclastes – comme le gain en propreté provoqué par l'ajout du dessin d'une mouche à un endroit idoine sur les urinoirs afin de minimiser sans contrainte le risque d'éclaboussures ou l'optimisation diététique provoquée par la stratégie de placement des assiettes de salade par rapport aux plats de frites au self d'une cantine scolaire afin de créer une préférence pour le végétal – aux déclinaisons plus substantielles censées aider à la juste décision en matière d'épargne-retraite, de lutte contre les addictions ou de consommation d'énergie, ce courant a aspiré à révolutionner les politiques publiques en offrant à l'Etat de corriger, sans dirigisme, ce qu'il considère être nos faiblesses autant que nos excès. Comme un distributeur de verres correcteurs censés rendre la vue aux myopes que nous sommes, l'Etat nounou s'est naturellement engouffré dans la brèche.

Le fait que les grandes démocraties privilégient désormais un mode de gouvernance fondé sur une myriade de préventions et de réglementations *ex ante* plutôt que la résolution *ex post* des conflits traduit bien cette modification profonde dans nos rapports à la confiance en l'individu, à la norme publique et à nous-mêmes[1]. Si ce type de bascule peut faire sens dans des circonstances où l'Etat de droit est fragile, son déploiement excessif sous nos cieux interpelle.

1. Edward Glaeser, Andrei Shleifer, « The Rise of the Regulatory State », *Journal of Economic Literature*, 2003.

Une théorie contestable

En ne cherchant à garder que le meilleur des deux systèmes tout en neutralisant leurs effets de bord, les inventeurs du *nudge*, le professeur libéral d'économie comportementale à Chicago et prix Nobel d'économie Richard Thaler et le professeur démocrate de droit à Harvard Cass Sunstein ont cru planter les derniers clous de deux cercueils : celui du dirigisme centralisateur soutenant la lutte socialiste des classes et celui des choix rationnels et de l'*Homo œconomicus* néoclassique associé (à tort) au libéralisme.

Mais en prenant pour postulat les multiples biais et limites de la psychologie humaine[1], pour légitimer un interventionnisme doux prétendant savoir mieux que nous ce qui est bon pour nous et cultivant la défiance envers les citoyens en ne faisant pas confiance à nos capacités personnelles à prendre les bonnes décisions, ils ont sous-estimé la capacité des hommes de l'Etat à étendre leurs pouvoirs.

1. Tels que l'aversion pour la perte, la préférence pour le présent, la surévaluation des risques et la sous-évaluation des gains, le biais de confirmation, la préférence pour le statu quo, etc.

La Rochefoucauld nous avait pourtant prévenus : « On ne donne rien si libéralement que ses conseils. »

L'expérience le montre chaque jour : les informations bienveillantes et les incitations à « bien » se comporter n'ont cessé depuis de nous envahir. Dans le prolongement du Parlement écossais, qui a voté le 25 février 2020[1] une proposition de loi visant à assurer la gratuité complète des protections hygiéniques par la distribution en libre service dans des lieux dédiés, la France ne s'est-elle pas engagée à prendre des mesures contre la précarité menstruelle[2] ?

Surtout, les campagnes de prévention n'étant jamais parfaitement concluantes, le politique et le bureaucrate finissent toujours par être tentés de décider à notre place, en contraignant ou en interdisant. Il suffit qu'un cas soit médiatisé pour que la machine nor-

1. « Le Parlement écossais vote la gratuité des protections périodiques », *Le Figaro*, 25 février 2020.

2. Entretien avec Emmanuel Macron, *Brut*, 4 décembre 2020. Plutôt qu'un transfert à l'Etat, ne peut-on pas imaginer le monde associatif s'associer aux acteurs privés pour se saisir d'un tel sujet, comme l'alliance prometteuse entre Muna, une structure soutenue par Natalia Vodianova, et la start-up My Holy, cofondée par Fiona Picot ?

mative s'emballe. Au pays de l'étatisme et du dirigisme, on est toujours trahi par les siens : la belle idée de troisième voie s'achèvera inéluctablement en société de contrôle. Elle l'aura certes fait « pour notre Bien », mais est-ce pour autant rassurant ?

Le biais de réélection de l'Etat infantilisant

Les théoriciens du néo-interventionnisme ont également oublié que si chaque individu peut en effet être guidé et trompé par des biais, les hommes politiques et les bureaucrates n'en sont pas pour autant épargnés. C'est même tout le contraire puisqu'il a été démontré que les élus d'une démocratie sont davantage sujets aux biais comportementaux qu'un citoyen lambda[1]. Les premiers doivent en effet sans cesse arbitrer entre une décision utile à la collectivité et une décision favorisant leur réélection, ce qui n'apparaît pas nécessairement conciliable à court terme.

1. Edward Glaeser, « Paternalism and Psychology », *University of Chicago Law Review*, 2006.

Un autre prix Nobel d'économie, James Buchanan, ne disait pas autre chose quand il présentait le « parentalisme », ce fils de deux forces synergétiques pernicieuses : la volonté des dirigeants de conserver et d'étendre le pouvoir, d'une part, qui dépasse bien souvent la quête raisonnable de l'intérêt général et leur fait prendre de mauvaises décisions pour les citoyens concernés, et, d'autre part, le souhait de beaucoup de personnes de fuir la liberté et la responsabilité personnelle, effrayées à l'idée d'être libres[1]. Là encore La Rochefoucauld voyait juste : « Il est plus difficile de s'empêcher d'être gouverné que de gouverner les autres. »

Le nombre de décideurs publics est en vérité trop petit et trop limité dans sa capacité d'abstraction pour embrasser et intégrer la multitude des réalités propres et complexes que peut vivre chaque membre composant la collectivité. C'est même assez étonnant que nous soyons si nombreux à confier tant de pouvoirs à d'autres personnes que nous-mêmes pour décider tant de choses à notre

---

1. James Buchanan, « Afraid to be Free : Dependency as Desideratum », *Policy Challenges and Political Responses*, 2005.

place, elles qui sont pourtant, par nature, loin de nos réalités quotidiennes. Quand ils croient prendre de bonnes décisions pour nous, les hommes de l'Etat nounou, y compris les plus intelligents, sont aussi myopes que nous. En agissant depuis un centre éloigné des réalités du terrain et en étant dès lors moins bien informés[1], ils le sont même davantage et ont une propension plus grande à se tromper[2]. L'étatisme, fût-il guidé par le Bien, est le digne héritier de la pensée magique, cette croyance qui permettait à des rois de s'estimer « de droit divin » pour prétendre à un pouvoir sans borne.

A part une éventuelle défaite à la prochaine élection, ce n'est pourtant pas le politique et encore moins le bureaucrate, dont on connaît l'inamovibilité, qui assumeront les conséquences des décisions prises à notre place. Même s'ils sont souvent sincèrement persuadés d'agir « pour nous », ils ont, contrairement à nous, peu d'incitations

1. Edward Glaeser, « Paternalism and Psychology », *University of Chicago Law Review*, 2006.

2. Friedrich Hayek, *Law, Legislation and Liberty,* Routledge & Kegan Paul, 1998 (trad. fr. *Droit, législation et liberté*, PUF, 2013).

à agir dans le sens véritable de nos intérêts. On ne peut d'ailleurs pas le leur reprocher. Comme dit Nassim Nicholas Taleb, dans le prolongement de Ludwig von Mises[1], c'est un problème institutionnel : « Ils ne jouent pas leur peau[2]. »

Pour les mêmes raisons, les décideurs publics sont aussi généralement aveugles aux effets pervers et cachés des normes adoptées et ont du mal à anticiper les stratégies de contournement des règles nouvelles. Frédéric Bastiat en a fait au XIXe siècle un court et lumineux essai que chacun devrait relire : *Ce qu'on voit et ce qu'on ne voit pas*[3]. C'est là sans doute le meilleur guide de survie au temps de la démocratie d'opinion.

Le piège de la régression addictive

En plaidant pour ces interventions correctrices, Thaler et Sunstein ont, même s'ils entendaient laisser une option de sortie à

1. Ludwig von Mises, *Bureaucracy*, Liberty Fund, 2007.
2. Nassim Nicholas Taleb, *Jouer sa peau*, Les Belles Lettres, 2017.
3. En libre accès sur le site www.institutcoppet.org.

chacun, sous-estimé les conséquences psychologiques de la diffusion d'un tel discours maternant. En ne limitant pas l'Etat à sécuriser nos rues et nos propriétés et à se porter garant d'une certaine égalité des chances, en lui confiant le rôle trop grand pour lui de nous indiquer le chemin vers un monde meilleur, ils ont ouvert la boîte de Pandore de la régression addictive.

Ce besoin croissant de prévention aurait pu évoquer les conséquences d'une emprise psychiatrique. Un pervers narcissique n'hésite en effet pas à dévaloriser sa victime en cherchant, par la chute d'estime de soi provoquée par ses propos, à dominer et maîtriser celle dont il entend obtenir une dépendance affective. Paralysée, cette dernière devient otage de son bon-vouloir. Moins elle a confiance en elle, plus elle a besoin de son bourreau pour, du moins le croit-elle, survivre. L'infantilisation rampante de la société et le fait que l'on dise sans cesse aux citoyens, expressément ou en creux, « Vous n'êtes pas capables, laissez-nous faire » ne sont pas dénués de lien avec les cercles vicieux de ce type d'emprise. Sur le plan de l'intentionnalité, cela a pourtant peu à voir avec les travers de notre temps. Si le politique et le bureaucrate ont, par nature, à cœur de déployer leur pouvoir et s'ils peuvent déceler une opportunité égoïste dans le fait que les citoyens se sentent de moins en moins capables de décider seuls, y voir une intention perverse serait sans doute excessif. Laissons cela aux complotistes qui, hélas, envahissent nos réseaux sociaux en pariant sur la viralité de la crédulité.

Le décalage entre le discours de façade de beaucoup de citoyens, qui ronchonnent et en appellent à être considérés comme des êtres capables, et la tendance croissante du recours des mêmes à l'Etat nounou à la moindre contrariété, ravis que nous sommes de confier à *Big Mother* et *Big Father* le soin de décider à notre place, correspond bien davantage à une forme de régression consentie dont le développement s'apparente désormais à une sorte d'addiction. Le mal-être incite bien souvent à chercher dans l'enfance la petite musique des temps heureux. Nous voici ainsi partagés, comme peuvent l'être certains adolescents, tiraillés entre le désir de s'envoler et celui de se réfugier, non sans une certaine gêne, dans des souvenirs ou des racines réconfortantes. Le sentiment d'insouciance a parfois du bon quand les horizons sont gris. Mais quand un adulte aspire à redevenir enfant, le trouble n'est pas anodin. Nous l'avions envisagé avec le psychiatre Patrice Huerre dans un livre mettant la France sur le divan : *La France adolescente*[1]. La régression n'a cessé depuis lors de se généraliser, la lutte contre le virus faisant office d'acmé.

Ces névroses ne seraient pas dérangeantes si elles étaient sans impact. Notre rapport à la décision, au risque, à la peur mais aussi à l'Etat et à la responsabilité personnelle s'en trouve toutefois profondément perturbé. Car l'infantilisation hypnotise et paralyse, comme le serpent Kaa dans *Le Livre de la jungle*. Cette dévitalisation de l'action humaine et la rigidification lancinante de ses membres sont l'un des poisons de notre temps. Elles sont un évidoir de nos libertés perdues.

1. JC Lattès, 2013.

L'épidémie de la peur

Pendant les confinements, beaucoup ont eu la belle idée de relire *La Peste* d'Albert Camus. Parmi les autres trésors littéraires nous ouvrant grand les yeux sur le comportement des hommes par temps de pandémie, comme *Œdipe roi* de Sophocle ou les épidémies d'amnésie de *Cent ans de solitude* (García Márquez), de cécité dans *L'Aveuglement* (Saramago) ou de poliomyélite dans *Némésis* (Philip Roth), *Le Hussard sur le toit*, de Jean Giono, est sans doute celui qui parle le mieux de nous.

Chez Giono, qui nous mène dans cette Provence âpre qu'il a si bien chantée, c'est le choléra qui s'est abattu. Là, le héros, Angelo Pardi, jeune colonel des hussards originaire du Piémont, s'est réfugié après un duel ayant tourné à son avantage. Il s'y installe en plein confinement. Angelo découvre alors une pandémie plus grave encore que le cruel bacille : l'épidémie de la peur.

« La peur est capable de tout et elle tue sans pitié, attention ! » prévient le héros. Très vite, elle devient mauvaise conseillère, certains habitants cédant aux instincts les plus bas, aux pulsions les plus viles. D'aucuns tentent ainsi de molester l'innocent Angelo en l'accusant à tort d'avoir empoisonné les fontaines. L'angoisse généralisée fait son œuvre et les idées reçues volent en escadrille. « C'est un complot pour faire périr le peuple. C'est un étranger. Il a des bottes de milord. » Tout ce qui n'est pas national et de modeste condition finit par être regardé de travers. « Ils n'étaient pas bien terribles, précise Angelo, sauf qu'ils portaient les marques de la peur. »

L'égoïsme (« La nuit facilitait l'égoïsme de tous »), la lâcheté matérialisée par la dénonciation calomnieuse, la cupidité, l'envie, et la recherche d'un bouc émissaire (« le choléra est un prétexte pour empoisonner le pauvre monde »), tous ces enfants de la peur, alimentent les *fake news* et les théories du complot qui, déjà, vont bon train : « On a payé des types pour dire que le gouvernement fait empoisonner les fontaines. » Sans oublier les fausses croyances resurgies d'un autre âge : « On en est à la mascarade, au corso carnavalesque. On se déguise en pierrot, en arlequin, colombine ou en grotesque pour échapper à la mort. [...] Nous sommes en plein Moyen Age, monsieur. On brûle à tous les carrefours des épouvantails bourrés de paille qu'on appelle « le père choléra » ; on l'insulte, on se moque de lui. » Nul besoin de lister les correspondances avec notre époque tant elles s'imposent à nous.

Ce nouveau rapport au risque, nous le devons au besoin de maternage largement partagé dans la population et à l'institutionnalisation de la précaution en réponse à une nouvelle idéologie : ce que Gérald Bronner a appelé le « précautionnisme[1] ». En se fondant sur de nombreux exemples (OGM, antennes-relais, 5G, vaccins, etc.), l'élève de Raymond Boudon, que ce dernier m'avait présenté à ses tout débuts, a mis ces dernières années à nu « les mécanismes intellectuels et les faits historiques qui ont conduit à faire imprudemment entrer dans le droit le principe de précaution ».

Pour le sociologue, ce principe constitutionnalisé par Jacques Chirac n'est pas, contrairement à ce que l'on pourrait croire,

1. Gérald Bronner et Etienne Géhin, *L'Inquiétant Principe de précaution*, PUF, 2010.

l'expression du bon sens, son application maximaliste inspirant des décisions et des actions préjudiciables à l'intérêt général et nourrissant une tension croissante entre l'opinion publique et la connaissance. L'inflation textuelle rencontrée dans nombre de domaines atteste de cette dynamique autant que le développement d'indemnités réparatrices sans faute dans notre jurisprudence. Il faudra tout autant mesurer un jour les retards en temps bureaucratique, les pertes de PIB mais aussi et surtout les entailles dans nos capacités d'innovation induits par ce rapport tétanisé au risque, à la science, au progrès et à la moindre décision pouvant emporter action en responsabilité. Ce principe nous a renvoyés dans les jupes de nos mères, comme si nous avions oublié que pour apprendre à marcher, il faut savoir tomber. Qui n'a pas entendu qu'on découvre et qu'on apprend en se trompant ? L'homme aurait-il osé découvrir puis domestiquer le feu s'il avait craint d'incendier sa cabane ? Le retard pris par notre pays dans la course technologique internationale et la défiance préoccupante (à nette distance de nos voisins européens) des Français à l'égard des vaccins permettant de lutter contre le coronavirus parlent d'eux-mêmes. L'obligation de prendre a priori des mesures proportionnées pour éviter la réalisation d'un risque lui-même incertain sauf à voir sa responsabilité mise en cause porte en elle autant de bonnes intentions que de folie tétanisante.

Pendant la pandémie, les tergiversations et les manquements[1] de la bureaucratie de la santé sont révélateurs des failles d'une administration ayant perdu confiance dans l'initiative personnelle, le secteur privé et l'innovation[2]. Nombre de ministres se confient, dans le secret, sur ces multiples blocages et cette déconnexion immense d'une bureaucratie péchant, selon eux, par moralisme, lenteur, arrogance, rigidité et désir de tout contrôler.

---

1. Carences également pointées par le président du Conseil national d'évaluation des normes, Alain Lambert, cité par Margaux Duguet dans « Comment la rigidité et les lenteurs de l'administration ont plombé la gestion française de la crise du Covid-19 », *France Info*, 21 mai 2020.

2. Chloé Hecketsweiler, « Coronavirus : des lenteurs dans le traçage des contacts de malades », *Le Monde*, 22 juillet 2020 ; Géraldine Woessner, « Comment la France se prive de 150 000 à 300 000 tests par semaine », *Le Point*, 3 avril 2020.

Alors que le monde valorise de plus en plus l'agilité, l'intelligence collective et le partage d'expériences et de connaissances, notre mille-feuille monolithique, sûr de lui et l'air grave, est toujours debout[1].

L'effet domino des libertés perdues

Pour autant, les théoriciens du *nudge* ont ouvert un boulevard conceptuel à un interventionnisme croissant, sans porte de sortie ou presque, et à une infantilisation diffuse de toute la société.

La réduction conjoncturelle sans précédent en temps de paix de l'exercice des libertés publiques associée à l'accumulation non exhaustive d'une quantité indénombrable d'intrusions bureaucratiques sans aucun lien avec la pandémie mais tout autant réalisées « pour notre Bien » achève de convaincre. Comme dans le film

1. Ce constat ne critique pas les personnes elles-mêmes mais la matrice conceptuelle dans laquelle elles sont censées agir. C'est le système qui fait ici défaut, et non les êtres.

de Dominik Moll, *Harry, un ami qui vous veut du bien*, l'Etat nounou pourrait finir, avec la meilleure volonté du monde, par jouer contre nous en nous traquant toujours davantage et en basculant de plus en plus facilement de l'information à l'intrusion, à l'immixtion et à l'interdiction.

En ayant cette dynamique à l'esprit, écouter le Premier ministre cherchant à nous priver de la possibilité de skier en Suisse alors que l'accès au domaine skiable français a été interdit par le gouvernement laisse songeur : « L'idée c'est d'empêcher les Français d'aller se contaminer dans les stations suisses. Les préfets des départements limitrophes vont instaurer une quarantaine : on fera des contrôles aléatoires à la frontière et on placera les personnes arrêtées en isolement de sept jours où elles subiront des tests. La conclusion à en tirer, monsieur, c'est que je ne vais pas en Suisse. Je cherche à protéger mes concitoyens et c'est même mon devoir. D'autres pays n'ont pas la même conception, c'est leur droit, mais je vais continuer à protéger mes concitoyens en les empêchant d'aller se contaminer et je rétablirai un principe d'équité vis-à-vis des gestionnaires des stations de ski françaises. Je suis aussi là pour les défendre donc j'essaie d'être cohérent. »

Comme dans le cas du bâchage des « biens non essentiels », le pragmatisme et l'égalitarisme invoqués par le pouvoir pour créer des incitations aux « bons comportements » finissent par ne garder du *nudge* que sa dimension dirigiste, courtelinesque, la poussant même au jusqu'au-boutisme pour finir par sacrifier, les unes après les autres tels des dominos qui s'effondrent, des parcelles entières de liberté. Face à l'épidémie, il fallait bien évidemment réagir. C'est même le rôle premier d'un Etat. Mais en France, on a plus qu'ailleurs libéré la fabrique administrative et répressive pour tout régir et tout surveiller.

Cette même logique est encore à l'œuvre quand la ministre de l'Environnement entend « interdire la publicité télévisée » pour les véhicules à moteur thermique, les fast-foods, les offices de tourisme des départements lointains comme la Guadeloupe ou la Martinique ou encore le Nutella parce que ces produits seraient

« nuisibles à la santé ou à l'environnement », en déniant toute capacité des citoyens à faire des choix éclairés[1] ; quand d'autres ont envisagé d'interdire le travail le dimanche malgré les jours de récupération et la rémunération adaptée ou de limiter arbitrairement les rémunérations de tous les dirigeants parce que certaines les auraient choqués ; quand on a voulu interdire de filmer des policiers parce que certains font un usage délictueux (et d'ores et déjà condamnable) de ces images ou quand certains ambitionnent d'interdire les messages électroniques ne contenant que des mentions simples de type « merci », « bien reçu », ou « bonne soirée », leur coût carbone paraissant plus préoccupant que l'impolitesse[2] ; ou encore quand d'autres, fidèles à la filiation liberticide de leur camp, en appellent comme François Ruffin « au retour des frontières sur capitaux, marchandises et personnes, y com-

1. Morgane Bertrand et Arnaud Gonzague, « Faut-il interdire la pub pour les produits les moins écolos ? », *L'Obs*, 30 septembre 2020.

2. Camille Crosnier, « Contre le "merci" envoyé par courrier électronique ! », *France Inter*, 1er décembre 2020.

pris pour les gens du Nord » en justifiant un tel retour en arrière d'une affirmation à la clarté glaçante : « Il faut poser des limites à la circulation tous azimuts des personnes[1]. »

Que dirait Kant de notre époque, lui qui, en 1784, se révoltait contre les démissions autoritaires de nos esprits, réduits en miettes par ceux qui, déjà, ambitionnaient de décider pour nous ? « Mais, s'insurgeait-il, j'entends maintenant crier de tous côtés : ne raisonnez pas ! L'officier dit : ne raisonnez pas, mais faites l'exercice ! Le conseiller aux finances : ne raisonnez pas mais payez ! Le prêtre : ne raisonnez pas mais croyez ! (Il n'y a qu'un seul maître au monde qui dise : raisonnez autant que vous voulez et sur ce que vous voulez, mais obéissez !) Partout ce n'est que limitation de la liberté[2]. »

1. Entretien avec François Ruffin, « 7-9 », France Inter, 2 décembre 2020.

2. Emmanuel Kant, *Qu'est-ce que les Lumières ?*.

L'effondrement de l'autorité de l'Etat

Cette logique répressive et attentatoire aux libertés fondamentales, l'avocat aux Conseils Patrice Spinosi la dénonce inlassablement[1]. Tout comme son associé François Sureau, il est devenu l'un des remparts contre les atteintes répétées aux principes fondamentaux. Non pour dire, comme les excessifs ambitionnant de faire vaciller nos institutions, que nous serions en dictature, ce qui n'a aucun sens, mais pour pointer l'image d'Epinal de Français « Gaulois, rebelles et indisciplinés » véhiculée par un Etat se comportant « comme un surveillant de cour d'école, distribuant les bons points et les punitions ». Pour lui, « cette démarche infantilisante [...] entame la confiance de nos concitoyens à l'égard de l'autorité de l'Etat ».

N'est-ce d'ailleurs point ce que l'on observe quand l'hyperviolence monte, notamment les samedis depuis plusieurs années dans certaines grandes villes, ou que

1. Entretien avec Patrice Spinosi, « L'Etat s'est comporté comme un surveillant de cour d'école », *Le Point*, 4 juin 2020.

plus d'un quart des Français ont été contrôlés pour s'assurer qu'ils se déplaçaient bien avec leurs attestations ? En grossissant telle la grenouille de la fable, l'Etat nounou a fragilisé sa vocation première, celle de l'Etat régalien, dont certains, y compris parmi les présidents « de droite », ont coupé les budgets pour toujours plus accroître les dépenses de transfert.

Comment a-t-on pu établir des normes interdisant de s'arrêter sur une plage tout en pouvant y faire du sport, ou obliger à jouer au tennis en simple avec des balles marquées tout en limitant les périmètres de circulation à 1, 20 ou 100 kilomètres ? Le gouvernement a même inventé un nouveau délit, le délit de réitération (trois fois) du non-respect du confinement. « Le risque est grand d'utiliser l'état d'urgence sanitaire comme un laboratoire de contrôle et de surveillance des citoyens », s'inquiète non sans raison Patrice Spinosi. Nous nous habituons en effet à être de plus en plus surveillés, suivis, contrôlés. Cela finit par réduire nos vigilances, nos capacités de résistance, nos aptitudes à défendre ce pour quoi nos aînés ont parfois perdu jusqu'à la vie.

Le risque d'infantilisation se noue dans cette crise de confiance qui pousse au normativisme excessif d'un pouvoir répondant à un besoin populaire et se donnant l'illusion d'une maîtrise qui s'affaisse à mesure que la liberté se meurt. Montesquieu nous avait pourtant prévenus : il ne faut toucher aux lois « que d'une main tremblante ». Mais étrangement, alors que nos biens de consommation sont surchargés de bandeaux préventifs, aucune banderole n'a été installée au fronton des ministères et des Parlements pour leur rappeler ce sain principe. A ce rythme, épidémie ou pas, cela fait plusieurs décennies que le pouvoir a dépassé le stade du tremblement. Et c'est la démocratie qui menace de s'affaisser.

L'économie et la vie

En un temps où l'on nous a dit, au vu des circonstances exceptionnelles de la pandémie, que l'économie devait passer après la vie, il paraîtra incongru aux chevaliers du Bien de revenir sur une telle affirmation.

Il conviendra pourtant de le faire en évitant les caricatures de la facilité. Non pour affirmer que l'économie serait supérieure à la vie, ce qui n'aurait aucun sens. Mais pour rappeler que l'économie, c'est la vie. Tout autant que la culture, l'échange, l'interaction sociale entre les êtres, l'entraide et la solidarité, l'économie est inhérente à la vie humaine. Vouloir hiérarchiser, c'est à nouveau nous infantiliser. Car c'est à nous de décider.

Surtout que l'économie n'est ni un Dieu, ni un esclave. Ni un élément supérieur, ni un objet inférieur. Elle *est* ontologiquement partie prenante de l'action humaine. On ne peut couper ni la vie, ni les personnes en tranches. Raisonner autrement nous ferait basculer dans une dynamique où l'idéologie prendrait le pas sur la vérité incontestable de l'action humaine, comme si des parents étatiques pouvaient nous interdire durablement de grandir et de nous émanciper. Comme ces chaussures devenues outils de torture que certaines femmes asiatiques portaient pour freiner la croissance de leurs pieds. A la manière d'un Benjamin Constant, Gustave de Molinari, figure incontournable de l'école libérale française du XIXe siècle, l'a dit à sa manière en 1846 dans *Le Courrier français* : « Par ce fait qu'on défend une liberté, n'est-on pas tenu aussi, sous peine de manquer de logique et de bon sens, de soutenir toutes les autres libertés ? On ne compose pas avec les principes, on ne trie pas les libertés[1]. »

L'expérience des confinements en témoigne. Ce qui a été drastiquement freiné ou arrêté pour lutter contre un virus, c'est l'activité humaine. Toute personne dotée d'un minimum d'honnêteté intellectuelle pourra constater combien cette expérience de décroissance imposée a causé de surplus de souffrances et de dégâts (et nous n'en sommes qu'aux prémices) et combien elle s'accompagne inévitablement d'une montée en puissance massive de l'intervention publique. Si beaucoup critiquaient un monde par trop obsédé par le profit alors même que, notamment en France, la part du public était déjà plus grande que celle du privé[2], les mêmes devraient faire le bilan d'une si malheureuse expérimentation

1. Les premiers tomes de l'œuvre intégrale de Gustave de Molinari sont disponibles sur le site www.institutcoppet.org.
2. Avant la pandémie, la part des dépenses publiques dans le PIB atteignait 56 %.

avant de se jeter dans les bras de populistes rêvant de nous infantiliser bien davantage encore au point de décider, « pour notre Bien », qu'il faudrait en finir avec la croissance et le progrès.

Plus grave encore, comme l'a souligné le romancier Alexandre Jardin, cet amoureux de la liberté et ce grand dénonciateur des dérives bureaucratiques, le confinement et le reconfinement ont précipité beaucoup de monde dans la dépression (sa proportion a doublé) et accru le nombre de suicides[1]. Ces « victimes silencieuses » incarnent malgré elles l'impérieuse nécessité d'échanger, d'avoir une vie sociale et d'être considérés comme des adultes.

Dans le même esprit, les nombreuses voix dénonçant l'ultralibéralisme du pouvoir devraient au moins avoir l'honnêteté de rappeler que la France demeure, en 2019 et avant même les dépenses publiques historiques de 2020, le pays qui consacre le niveau le plus élevé au monde de son PIB aux dépenses sociales (31 %), avant même

1. « Alexandre Jardin alerte sur les suicides dus au reconfinement », *Le Figaro*, 5 décembre 2020.

la Finlande (29 %), la Belgique (28,9 %) et le Danemark (28,3 %). En moyenne, ces dépenses sont de 29,9 % dans les pays de l'OCDE. Le débat sur l'ancien et le nouveau monde est d'ailleurs exagérément opportuniste pour qui aime décrypter les tentatives de percées idéologiques.

Par le passé, le monde a connu des épidémies autrement plus meurtrières. La vie, pour autant, a fini par reprendre le dessus. Si nos facultés d'adaptation et de résilience nous font bondir d'étonnement face aux images d'un film mettant en scène deux personnes se serrant la main ou se faisant la bise, elles seront tout autant à l'œuvre pour revenir à la normale. Cela ne veut pas dire qu'il ne faut tirer aucune leçon d'une telle épreuve. Bien au contraire, la vie humaine est faite de ce processus de tentatives, d'erreurs et de corrections, ce que les précautionnistes ont du mal à comprendre. C'est même cela, quitter l'enfance et agir en adulte libre et responsable. Ne nous laissons en revanche pas illusionner par les prophètes du bonheur imposé. L'histoire nous a trop enseigné où tout cela nous mène.

Les coûts cachés de l'infantilisation

Se préoccuper des conséquences économiques de l'interventionnisme infantilisant ne doit en toute hypothèse pas être un sujet tabou. Bien au contraire, l'argent public ayant coulé à flots et la croissance ayant été amputée comme jamais depuis la Deuxième Guerre mondiale, la reconstruction ne doit en rien esquiver une lecture objective des coûts de l'Etat nounou.

La science, comme toujours, offre en ces sujets un éclairage aussi robuste que rigoureux. Des économistes renommés ont ainsi évalué, dans une étude publiée en 2020[1], que la croissance des réglementations depuis quarante ans aurait réduit le PIB de près de 25 % aux Etats-Unis. D'autres ont mesuré que les normes françaises sur les seuils en entreprise et leurs effets sur l'emploi coûteraient au pays autour de 3,4 % du PIB[2]. Une autre publication démontre

1. Bentley Coffey, Patrick McLaughlin, Pietro Peretto, « The Cumulative Cost of Regulations », Mercatus Center, George Mason University, 2016.

2. Luis Garicano, Claire Lelarge, John Van Reenen, « Firm Size Distortions and the Productivity Distribution :

que le fardeau des réglementations complexes pèse en premier lieu sur les plus pauvres et sur les moins qualifiés[1]. Ces auteurs avancent que la simplification des règles serait non seulement efficace sur le plan économique mais aussi plus juste d'un point de vue distributif. La bien-pensance devrait s'y intéresser.

L'un des experts de la simplification administrative, Guillaume Poitrinal[2], partage ce point de vue tout en s'inquiétant que l'on reparte « de zéro sur le sujet à chaque gouvernement ». La nomination en 2020 de « sous-préfets à la relance » ne manque d'ailleurs pas d'inquiéter dans un moment où, comme le constatait déjà avec regret David Graeber[3], si la critique de la bureaucratie s'est paradoxalement effritée à force de la voir progresser dans le public comme dans le privé, c'est « parce que

---

Evidence from France », *American Economic Review*, 2016.

1. Pamela Herd, Donald Moynihan, *Administrative Burden : Policymaking by Other Means*, Russell Sage Foundation, 2019.

2. Guillaume Poitrinal, « Sur la simplification, on repart de zéro à chaque gouvernement », *Les Echos*, 29 janvier 2018.

3. David Graeber, *Bureaucratie : l'utopie des règles*, Les Liens qui Libèrent, 2015.

nous nous y sommes habitués ». Graeber appelle ce stade de l'infantilisation par les superstructures « la bureaucratie totale ». Nous y sommes.

Quant à la dette, déjà massive et écrasante, elle aura augmenté de 230 milliards d'euros si l'on ne regarde que la « guerre » menée par la France contre le virus. Fin 2020, l'endettement du pays a bondi de plus de 20 points, à près de 120 % du PIB, contre une prévision de 98,7 %. La plupart des économistes ont salué cette intervention. Le fait que la grande majorité des autres économies aient été confrontées aux mêmes contraintes rassure sur les effets à court terme. Mais au-delà ? Le piège serait désormais de lever de nouveaux impôts dans un temps où la nécessité de panser les plaies implique bien davantage de redonner de l'air et de la capacité d'action aux citoyens pour être en mesure de reconstruire.

Cette tentation infantilisante, qui présupposerait que l'argent gagné serait mieux utilisé par des agents de l'Etat que par ceux qui l'ont gagné, est pourtant présente à tous les étages de la bureaucratie. Elle devra être combattue.

Une tragique accoutumance à la restriction des libertés

Personne ne peut nier le contexte dans lequel nous évoluons. Le terrorisme, les cyberattaques de puissances étrangères, les violences de rue et la pandémie nous rappellent que l'histoire est tragique et participent d'une demande croissante de sécurité, quitte à sacrifier certaines de nos libertés. Confrontés à ces fièvres contemporaines, le politique et son administration invoquent le pragmatisme et rassurent quant à la dimension provisoire des mesures d'urgence imposées par la réalité du monde. Face à cela, il serait illusoire et tristement idéologique de brandir, dépoitraillés, la liberté comme d'autres un petit livre rouge. Pour penser sérieusement la liberté dans ces circonstances complexes, il faut résister à la tentation comme à la facilité du « prêt-à-penser » et d'un catéchisme qu'il faudrait suivre à la lettre sous peine d'être excommunié. Ceux qui vivent le libéralisme comme une secte ou qui jouent à « Plus libéral que moi, tu meurs ; moins libéral que moi, tu sors ! » terminent isolés, aigris et peu écoutés.

En revanche, il serait tout aussi pernicieux d'ignorer que la nature même du pouvoir, c'est croître. Qu'on le veuille ou non, la croissance est le propre de l'homme : se dépasser, étendre son influence, gagner davantage, outrepasser les limites. L'histoire militaire comme celle du progrès scientifique en attestent. Même ceux qui aspirent au recueillement, à l'isolement, cherchent inconsciemment à progresser dans leur vision. L'Etat et la bureaucratie, aussi. Car les femmes et les hommes qui en ont la charge ont eux aussi à cœur de progresser. On ne peut pas leur reprocher. C'est même pour cela que les premiers constitutionnalistes ont pensé leur rôle, en pleine filiation avec Montesquieu, pour limiter et freiner la pente naturelle du pouvoir.

Il faut aussi entendre que, malgré la tragédie humaine, économique, sociale et psychologique qu'a pu représenter l'année 2020, malgré les temps pénibles qui s'ensuivront, notre siècle bénéficie de progrès médicaux, technologiques et économiques incomparables par rapport aux temps anciens. Steven Pinker ne sort pas terrassé par le virus. Contrairement à ce que le *Time* a titré le 5 décembre, 2020 n'est absolument pas « la pire année de l'histoire ». Le legs des Lumières, « à contre-courant du tribalisme, de l'autoritarisme et de la pensée magique[1] », demeure notre plus grande chance et la découverte en un temps record d'un vaccin par des équipes mêlant des migrants turcs, des chercheurs allemands et des chercheurs américains, d'une part, et des scientifiques français et américains, de l'autre, doit revivifier le combat de la raison, de la liberté et de l'ouverture adulte au monde.

Il ne suffit en revanche pas de se dire habité par les valeurs de liberté pour pleinement les servir. Il faut, dans une démarche qui tient moins de l'analyse « coûts-bénéfices » et plus de la compréhension de ce qu'est l'être humain et des vertus profondes de la liberté, mesurer combien le déploiement vertigineux de l'Etat nounou est destructeur, inhibiteur et paralysant. Parce que le paternalisme nourri de précautionnisme, de sécuritarisme

1. Steven Pinker, *Le Triomphe des Lumières. Pourquoi il faut défendre la raison, la science et l'humanisme*, Les Arènes, 2018.

et d'hygiénisme nous pousse chaque jour davantage à nous lier les mains et transforme notre environnement en une grande nurserie désinfectée présumant les citoyens irréfragablement coupables. Parce que, comme le fait dire Racine à Mathan dans *Athalie*, « dès qu'on leur est suspect, on n'est plus innocent ». Parce que cet interventionnisme rampant prétextant agir « pour notre Bien » nous accoutume à vivre moins libres et à réclamer toujours davantage de protection[1].

A force de transférer vers la collectivité la prise en charge de l'anticipation, de l'évitement et de la réalisation des risques, nos facultés de résilience personnelle et de responsabilité individuelle s'amenuisent. Sa toxicité étant toutefois moins perceptible que sa bienveillance apparente, l'expansion de l'Etat demeure irrésistible. « Tout homme tend à aller jusqu'au bout de son pouvoir[2] », prévenait déjà Thucydide. Le plus grand danger est là, invisible à beaucoup : le retour du despotisme.

---

1. Gilles Saint-Paul, *The Tyranny of Utility : Behavioral Social Science and the Rise of Paternalism*, Princeton University Press, 2011.
2. Thucydide, *Histoire de la guerre du Péloponnèse.*

Chapitre 5

La tentation despotique

Depuis trop d'années, nous délaissons la liberté. Comme si elle était définitivement acquise. Comme si rien ni personne ne pouvait nous en priver. Comme si l'histoire ne repassait pas les plats et qu'elle était ce roseau de la fable, qui plie mais ne rompt pas. Au fil de nos renoncements, nous nous accoutumons à voir nos capacités d'émancipation rognées, sacrifiées par petites portions en apparence négligeables.

Cet abandon présumant nos infirmités prépare le règne d'une nouvelle ère aux parfums tyranniques, une ère obsédée par la sécurité, l'hygiénisme, une certaine forme de pureté et un mantra : le bonheur imposé.

D'aucuns ajouteront l'égalité mais le reste fait déjà consensus : nos discours, nos comportements doivent changer.

Pourtant, comme l'écrivait Kolakowski dans une formule résumant pleinement l'époque, « nourrir l'espoir que l'on pourra institutionnaliser la fraternité, l'amour, l'altruisme, c'est préparer à coup sûr l'avènement du despotisme[1] ». « Les communautés humaines sont menacées non seulement de stagnation, mais encore de régression, lorsqu'elles se trouvent organisées de telle manière qu'il n'y a plus place pour l'initiative individuelle et la faculté de création[2]. »

Nous y sommes.

Sale temps pour la liberté

En prenant de la hauteur, en nous détachant de l'apparente sincérité de chaque proposition avancée au service du Bien, nous devons mesurer dans quelle spirale

1. Leszek Kolakowski, *Comment être socialiste + conservateur + libéral*, Les Belles Lettres, 2017.
2. *Idem.*

nous sommes embarqués. Voir l'ampleur des intrusions. En percevoir le coût. Comprendre que cela dépasse jusqu'aux hommes détenant le pouvoir tant nous sommes entraînés dans un système devenu fou.

Que propose d'ailleurs la droite française en réaction à la période que nous venons de vivre ? « Instituer un ministre délégué chargé de l'anticipation[1] » [*sic*] qu'on croirait sorti tout droit d'un roman d'Orwell ou « augmenter de 5 % tous les salaires nets[2] » [re-*sic*], comme si c'était l'Etat qui devait désormais lui-même les fixer… Et ne parlons pas de la gauche et des écologistes. Quant aux extrémistes de tous bords, nous le savons, ils feraient pire encore.

Face à cette épidémie du Bien qui frappe, parce qu'on l'a institutionnalisé, l'ensemble des dirigeants et des agents de l'Etat, il y a en réalité plus grave que des points de PIB perdus, que les occasions man-

1. « Covid-19 : voici le rapport de la commission d'enquête sur la gestion gouvernementale », *Le Journal du Dimanche*, 2 décembre 2020.

2. Pierre-Alain Furbury, « Guillaume Peltier : “Nous augmenterons de 5 % tous les salaires nets” », *Les Echos*, 7 décembre 2020.

quées de faire reculer la pauvreté, que les contraintes parfois insoutenables des excès bureaucratiques : il est un despotisme larvé qui rôde dans nos travées. Milan Kundera le pointait déjà dans son roman *La Valse aux adieux* : « Le désir de l'ordre veut transformer l'univers humain en un règne inorganique où tout marche, où tout fonctionne, où tout est assujetti à une règle supérieure à l'individu[1]. »

Comme toutes les tentations autoritaires, il se pare de vertus, prétend à l'efficacité. Au communisme et son illusion égalitariste, au nazisme et son délire racial, au fascisme et sa mythification sécuritaire, tous ayant fait levier des structures d'Etat pour commettre leurs crimes, peuvent succéder d'autres dérives briseuses d'humanité. Des fascismes verts, rouges, bruns, noirs, gris, blancs ou multicolores. Reniant nos valeurs essentielles et ce qui fonde notre universalisme, ils prétendront nous corriger de nos fautes présumées et finiront par marcher à lourde botte sur les reliefs de nos personnalités. Emportés comme certains de

1. Milan Kundera, *La Valse aux adieux*, Gallimard, 1976.

leurs aînés dans l'excès d'une idée parfois louable, ils assumeront de sacrifier un principe pourtant supérieur au service de causes qui le rendraient caduc. Dans le primat de la liberté, il n'y a pas que la *liberté* qui est importante. Le *primat* l'est tout autant.

C'est à cette vigilance que ce livre est dédié. Il n'est pas trop tard pour résister.

Les geôles du néomoralisme

Quand Philip Roth écrit *La Tache*[1], il pointe déjà l'emprise d'un *politiquement correct* aux tendances fascisantes. La tache, c'est cette souillure qui vous marque, indélébile aux yeux des regards purs. C'est le mot, le geste, l'image qui vous crucifie au tribunal éblouissant de blancheur de la morale publique. Les droits de la défense y sont abolis. Il n'y est de délit que flagrant, si flagrant qu'il vous condamne sans autre forme de procès.

Dans ce roman, le personnage central n'est pas Coleman Silk, cet universitaire métis ayant caché ses origines avant de

1. Philip Roth, *La Tache*, Gallimard, 2002.

trébucher d'un mot qu'il pensait anodin. Accusé de racisme pour avoir qualifié de « zombies » des étudiants absents dont il ne savait rien, pas même la couleur de la peau puisqu'ils avaient « séché », « viré d'un claque de Norfolk pour être noir, viré de l'université [...] pour être blanc », Coleman restitue la lumière au vrai héros du livre : l'Amérique et ses anges purificateurs qui ont depuis gagné nos rives.

Pointant avec une efficacité d'orfèvre ce « nous coercitif, assimilateur, historique, le nous à la morale duquel on n'échappe pas », ce « nous » calomniateur se contentant « d'une étiquette » tenant lieu « de mobile », « de preuve » et « de logique », ce « nous » si confortable qui transforme l'autre en « monstre » et soi en héros, Roth dénonce « ceux qui réécrivent l'histoire pour la cashériser ».

En amoureux sincère de la liberté humaine, le romancier nous ramène à la complexité des choses. « Notre compréhension d'autrui ne peut être, au mieux, qu'approximative. » « Les détails n'intéressent personne. » Ainsi, Coleman est métis, mais personne ne le sait : « il était seul à connaître le secret de son identité ». Tout comme sa jeune maîtresse, femme de ménage et illettrée… du moins en apparence.

Alors que, des deux côtés de l'Atlantique, des statues tombent et que la *cancel culture*, cette culture de l'annulation niant jusqu'à l'histoire et voulant tout réécrire à l'encre du communautarisme accusateur, offre à la censure son visage contemporain, la valeur d'une telle prose saisit à chaque page.

Toutes ces tendances ont à voir avec l'infantilisation car le prétexte utilisé par ceux qui veulent réécrire l'histoire, c'est notre manque de discernement supposé. A la faveur du déploiement des idéologies, cette présomption est devenue irréfragable. Eux sont les adultes et nous sommes les enfants. C'est ainsi que l'on a sorti de certaines bibliothèques *Tintin au Congo* ou *Autant en emporte le vent.* Parce que nous ne serions pas capables d'éduquer nos enfants ou de remettre nous-mêmes l'histoire dans son contexte. Faudra-t-il interdire *L'Etranger* de Camus parce que l'homme tué par Meursault n'a d'autre nom que « l'Arabe » ? Du côté de l'hygiénisme, on se souvient que la régie publicitaire de la RATP avait remplacé la fameuse pipe de Monsieur Hulot par un moulin à vent qui aurait, soyons-en certains, fait froncer les sourcils de Jacques Tati. Comme disait Michaux : « Pour se délivrer d'incertitude, ils défilent, pensant qu'ils déferlent, cœurs d'enfants dans un corps de foule[1]. »

Nous devons dès lors nous garder de la culture de la diabolisation coupable, celle que Romain Gary avait très bien décrite dans *Chien Blanc*[2] : « Le signe distinctif par excellence de l'intellectuel américain, c'est la culpabilité. Se sentir personnellement coupable, c'est témoigner d'un haut standing moral et social, montrer patte blanche, prouver que l'on fait partie de l'élite. Avoir "mauvaise conscience", c'est démontrer que l'on a une bonne conscience en parfait état de marche et, pour commencer, une conscience tout court. » Sur ce terreau du Bien poussent trop de mauvaises herbes. La mise à mort sociale, l'autoflagellation permanente, l'activisme des vertueux sont tout aussi porteurs de dangers que le

1. Henri Michaux, *Poteaux d'angle*, Gallimard, 1981.
2. Romain Gary, *Chien Blanc*, Gallimard, 1970.

mal combattu. Cela ne veut pas dire qu'il faut se taire. Bien au contraire, il faut user pleinement de la liberté d'expression. Mais en gardant toujours à l'esprit les principes fondamentaux qui font d'une démocratie un régime adulte : la présomption d'innocence, les droits de la défense, la confrontation des idées contraires, la mesure et la dénonciation des emportements haineux.

Un humanisme porté par l'esprit de liberté n'ambitionne pas de vivre dans un monde sans norme. Il a précisément à cœur de protéger des agressions extérieures la plus petite des minorités, la personne humaine, et sait qu'il ne peut le faire qu'à la faveur d'un minimum de sécurité juridique. S'il faut par exemple condamner avec fermeté les violences illégitimes, y compris évidemment dans la police, on ne doit jamais placer l'émotion au-dessus de la norme. Dans un régime autoritaire, quand Antigone affronte Créon ou quand une poignée de rebelles se soulèvent contre un Trujillo, comme dans *La Fête au Bouc*, de Vargas Llosa, là, oui, il faut escamoter la norme, car elle-même est indigne. Mais dans un Etat de droit, non. Les forces de l'ordre, faut-il le rappeler, ont le monopole de la violence légale. C'est à la base de notre civilisation car c'est en transférant la violence privée vers la violence légale que l'on a pacifié en grande partie les mœurs.

Les nouvelles routes de la servitude

Entendons-nous. Dans les grandes démocraties occidentales, la mécanique contemporaine du Bien n'est pas l'œuvre de tyrans. Nous n'avons ni franchi le stade suprême du totalitarisme, ni basculé dans un régime sans portes ni fenêtres. Dire l'inverse, c'est céder à la bêtise et à une critique systématique, aveuglante et confondante. C'est également ne pas mesurer notre chance de vivre encore dans un Etat de droit quand tant d'autres n'aspirent qu'à cela. C'est ne pas savoir ce qu'il nous faut défendre et hurler avec les loups.

Refuser en revanche d'entendre ce que Tocqueville entrevoyait déjà, ce « pouvoir immense et tutélaire, qui se charge seul d'assurer [notre] jouissance, et de veiller sur [notre] sort », ce serait pécher par naïveté, démissionner et laisser se construire sous nos yeux, sans mesurer ce qui se joue, les nouvelles routes de la servitude.

Comme notre visionnaire normand l'a vu, ce pouvoir est « absolu, prévoyant, régulier et doux. Il ressemblerait à la puissance paternelle si, comme elle, il avait pour objet de préparer les hommes à l'âge viril ; mais il ne cherche, au contraire, qu'à les fixer irrévocablement dans l'enfance ; il aime que les citoyens se réjouissent pourvu qu'ils ne songent qu'à se réjouir. Il travaille volontiers à leur bonheur ; mais il veut en être l'unique agent et le seul arbitre ; il pourvoit à leur sécurité, prévoit et assure leurs besoins, facilite leurs plaisirs, conduit leurs principales affaires, dirige leur industrie, règle leurs successions, divise leurs héritages ; que ne peut-il leur ôter entièrement le trouble de penser et la peine de vivre[1] ? ». Notre temps, clairement, est tout aussi totalisant.

L'Etat nounou, on l'a vu, pénètre nos maisons, nos cuisines, nos chambres à

1. Alexis de Tocqueville, *De la démocratie en Amérique*, La Pléiade, tome 2, Gallimard, 1992.

coucher, observant nos vies avec autant de défiance que d'envie de contrôle. En le laissant faire, en réclamant même qu'il nous dessaisisse de pans entiers de nos responsabilités, nous offrons au pouvoir central et à la bureaucratie de quoi fissurer, sans en avoir conscience, les digues nous protégeant du péril despotique.

Une pensée, à cet égard, devrait nous obséder : si les dirigeants actuels demeurent globalement habités par nos valeurs essentielles – ce qui ne les empêche pas, comme nous avons pu le voir, de franchir certaines haies –, que deviendrait l'exploitation du mouvement de nos normes par des êtres moins scrupuleux ? Nos cours suprêmes doivent redoubler de vigilance maintenant que l'on sait, en regardant autour de nous, qu'un extrémiste peut gagner une élection présidentielle.

Certains partis se nourrissent de nos faiblesses, de nos renoncements comme de nos lassitudes, mais aussi des habitudes que nous finissons par prendre. Proposant toujours plus de sécurité, de contrôle, de dureté, se montrant dans le même temps – car les paroles ne coûtent rien – plus généreux, plus protecteurs, plus maternants, ils font commerce de nos peurs et rivalisent de pensée magique. Cela fonctionne. Inlassablement, les extrémistes progressent aux élections. En délaissant nos libertés, nous déposons les armes et nous offrons à leurs crocs sans défense ni armure.

Leurs chants attirent à eux des naufragés de tous bords : les déçus de l'Etat nounou, ce producteur de rancœurs dont nous avons perçu qu'à force de promettre l'impossible, il sécrète de la désillusion ; les fatigués du moralisme, gagnés par la tentation dégagiste et ne supportant plus les discours lénifiants d'élites s'octroyant le monopole de la raison ; les écœurés de l'étatisme, asphyxiés de toutes parts et voyant rabotés leurs efforts et leurs biens ; les optimistes rabaissés, les pessimistes confortés, les ambitieux dénoncés, les assistés insatisfaits ; et tous ceux qui, rêvant de s'émanciper mais se sentant prisonniers, se laissent finalement séduire par une table qu'on pourrait renverser.

Le Brexit, Trump, Orban, Maduro, Salvini, Le Pen, Mélenchon ou Erdogan ont certes des différences mais ils mangent au même râtelier. On y bouffe des libertés comme d'autres bouffaient des curés. Là, les homosexuels sont menacés. Ailleurs, le droit à l'avortement est remis en cause. Chez les uns, les patrons sont dans la ligne de mire. Chez d'autres, et parfois chez les mêmes, les immigrés. Les murs s'élèvent et les frontières sont contestées. Les principes constitutionnels finissent par être remis en cause : la liberté de la presse, la liberté d'expression, la libre circulation des biens et des personnes. Les juges eux-mêmes sont vivement rabroués. Tous ces dirigeants prétendent faire le Bien. Tous viennent dire aux citoyens : « Ne fais rien, je m'en occupe. »

En jouant le Bien à l'excès, en pariant sur la sécurité plutôt que sur la liberté, nous leur offrons non une chausse-trape mais un marchepied.

Islamisme : l'infantilisation au temps des caricatures

Le procès de l'attentat de *Charlie Hebdo* aura rappelé avec force, notamment dans les plaidoiries pour l'histoire de maîtres

Malka et Klugman, l'impérieuse liberté de caricaturer[1]. Sur ce point, le pouvoir a tenu bon face au désir d'infantilisation trop largement partagé selon lequel il faudrait réduire la liberté de dessiner pour ne surtout pas heurter et ainsi nous épargner de nouveaux attentats. Comme si l'on ne tuait pas au nom d'une religion ainsi dévoyée sans le prétexte d'un dessin. Comme si l'on justifiait en creux que l'on peut tuer pour un dessin et que les dessinateurs avaient dès lors une part de responsabilité dans leur drame. Comme si nous ne pouvions vivre en adultes, en êtres doués de raison et de discernement. « Une démocratie, c'est d'abord ça : une façon de vivre où les gens osent se communiquer les choses importantes, toutes les choses importantes, où ils se sentent le droit de parler comme des adultes, et non comme des enfants dissimulés[2]. » C'est aussi pour cela qu'il était essentiel de faire rentrer dans ce prétoire le mot « antisémitisme ».

1. Anastasia Colosimo, *Les Bûchers de la liberté*, Stock, 2016.
2. Jules Romains, *Les Hommes de bonne volonté*, Flammarion, 1932-1946.

Il est ici une liberté mature particulièrement attaquée et qu'il ne faut surtout pas abandonner : la liberté de croire et de ne pas croire, la liberté de caricaturer et la liberté de blasphémer. Pour l'avoir rappelée et défendue, le président français a fait l'objet d'une fatwa mensongère lancée contre la France et sa personne par le président turc. A part Bernard-Henri Lévy et quelques autres, le monde intellectuel s'est trouvé particulièrement silencieux. Encore une occasion manquée.

Notre guerre de Troie

Quand on voit notre monde, un livre vient à l'esprit : *La guerre de Troie n'aura pas lieu*, de Jean Giraudoux. Nous sommes en 1935. L'écrivain et diplomate français sent venir l'autoritarisme et la guerre. Il mesure la capacité des peuples à s'accoutumer à l'hypothèse d'un extrémisme de gouvernement. Devoir de réserve oblige, sa pièce lui servira de cheval en bois. En nous conviant juste avant L'*Iliade* d'Homère, il joue les lanceurs d'alerte pour condamner les déchirements fratricides de son temps et l'aveuglement de ceux qui sentent pointer le drame mais qui, par paresse, incrédulité ou lâcheté, ne font rien pour l'empêcher.

L'argument de la pièce est connu. De retour à Troie, Hector apprend que Pâris vient d'enlever Hélène et que la guerre menace entre Grecs et Troyens. Malgré ses efforts, la guerre de Troie aura bien lieu. Le discours aux morts qu'Hector prononce devant son père, le roi Priam, en refermant les portes de la guerre, semble s'adresser à nous : « Ô vous qui ne nous entendez pas, qui ne nous voyez pas. »

Face au péril, Hector fait tout pour éviter la guerre. Est-ce parce que, ancien soldat, il en a trop souffert, ou parce que sa femme, Andromaque, vient de lui annoncer qu'elle portait son enfant ? En ouverture de la pièce, c'est cette dernière qui déclare, comme d'autres aujourd'hui : « La guerre de Troie n'aura pas lieu, Cassandre ! » Capable de voir l'avenir, celle-ci la détrompe toutefois : les portes de la guerre vont s'ouvrir à nouveau. Assistant aux premières répétitions, Colette y a vu « une "prière sur l'Acropole" à la mesure de notre temps et de son inquiétude[1] ». Qu'aurait-elle dit du nôtre ?

Face à l'extrémisme, nous n'avons pas toujours bien bataillé. Nos renoncements l'ont emporté sur nos élans réformateurs. La droite, la gauche, le centre ont déçu, envoyant par cohortes des électeurs gagnés par la terreur, la colère ou l'envie écouter le chant des sirènes nationalistes, protectionnistes et interventionnistes. La tâche est rude, il est vrai. Mais dès lors que le désir d'« homme fort » domine tous les sondages, dès lors qu'à la faveur d'une pandémie, l'Etat n'a jamais été aussi présent à tous les étages de nos vies, il nous faut prendre le mouvement à contre-pied et renvoyer le balancier à l'opposé des tendances récentes pour refaire le pari des libertés. Le génie du Bien tout-puissant doit retourner dans sa boîte et nous laisser respirer. Bien agencé, ce pari serait gagnant, politiquement.

1. Jean Giraudoux, *Théâtre complet*, La Pléiade, Gallimard, 1982.

La prophétie hayekienne

Friedrich Hayek, économiste mais aussi philosophe, juriste, épistémologue et bon connaisseur des mécaniques cérébrales, peut nous aider à prendre conscience du chemin qu'on emprunte. Dix ans après la pièce de Giraudoux, en 1944, il publie un « livre politique » de première importance : *La Route de la servitude*[1].

Hayek a assisté à la montée du péril hitlérien. Autrichien, il s'est réfugié au Royaume-Uni pour fuir le nazisme. Avec ce livre, il accuse la classe politique « de tous les partis » de s'être unanimement convertie au planisme et d'avoir, ce faisant, démuni les citoyens de leur liberté et préparé le terrain à l'autoritarisme. Il lui reproche de prétendre être un rempart contre le totalitarisme alors qu'elle lui ouvre la voie. Dès lors qu'on parie sur un interventionnisme appuyé, avance Hayek, la tyrannie finit toujours par s'inviter, « pour notre Bien », telle une solution certes regrettable mais efficace, certes provisoire mais inéluctable.

1. Friedrich Hayek, *La Route de la servitude*, PUF, 2013.

A l'Etat centralisé, à la coercition généralisée, au collectivisme conservateur ou progressiste, Hayek préfère non l'anarchie mais l'Etat de droit pariant sur les vertus de l'émancipation personnelle et limitant, par des règles fixées et annoncées à l'avance, le champ d'intervention du pouvoir. Comme beaucoup de dirigeants contemporains, rappelle Hayek, Mussolini affichait son scepticisme quant à notre aptitude à affronter le monde : « Plus les formes de la civilisation sont compliquées, plus la liberté individuelle doit être restreinte. » Un tel propos passerait pour banal de nos jours. Cela doit nous alerter.

L'hypercomplexité des sociétés contemporaines interdit au contraire à l'homme politique et à l'administration centrale, aussi doués soient-ils, de voir clair, de penser juste et de décider efficacement à notre place. L'élu, comme le bureaucrate, qui a de surcroît son propre agenda, ne peut raisonnablement être ce surhomme ultralucide capable d'appréhender tous les paramètres pour dessiner le plan parfait menant un peuple entier au bien-être. Pire, il perturbe par ses interventions excessives les mécanismes naturels d'adaptation et de choix qui, dans un contexte de liberté, façonnent la coordination des actions humaines, elles-mêmes guidées par la boussole de la responsabilité.

La concurrence, que Hayek définira comme un « processus de découverte », contribue bien mieux que la planification à la meilleure allocation des ressources et incite à l'innovation et au progrès d'une société qui a moins à gagner des ordres du pouvoir que de la libre initiative de chacun.

Avec Hayek, la personne n'est plus un pion, un être infantilisé. Elle redevient un individu autonome, respecté, adulte et responsable, sans pour autant être une monade déconnectée des autres tant l'échange est au cœur de sa condition. Dès lors, « la question qui se pose, c'est de savoir s'il vaut mieux que le gouvernement se borne à créer des conditions offrant les meilleures chances aux connaissances et à l'initiative des individus, en sorte de leur permettre, à eux individus, de faire les meilleurs plans possibles ; ou si l'utilisation rationnelle de nos ressources requiert une direction et une organisation centrales de toutes nos activités, conformément à une épure délibérément élaborée[1] ».

La pensée de Hayek, cet humaniste trop peu connu dont le débat avec Keynes a marqué l'histoire de la pensée[2], trace dans son œuvre une authentique « route de la liberté ». Nous aurions tort, en ces temps de nécessaire réinvention, de tourner le dos à sa vision. Aron avait commis cette erreur. Comme quoi, uniquement sur ce point, on pouvait avoir tort avec Sartre, mais également avec Aron. Michel Foucault, lui, avait in extremis perçu, dans sa dernière leçon[3], la puissance d'une pensée authentiquement construite sur une compréhension de l'agir humain et bien plus subtile que la caricature qu'on en fait. Tel un vaccin contre nos tentations despotiques, tel un remède à l'épidémie de contrôles, nous gagnerions à nous y replonger.

---

1. Friedrich Hayek, *op. cit.*

2. Nicholas Wapshott, *Keynes, Hayek, The Clash That Defined Modern Economics*, W. W. Norton & Company, 2011.

3. Michel Foucault, *Naissance de la biopolitique* (cours au Collège de France 1978-1979), EHESS, Gallimard, Seuil, 2004.

Chapitre 6

L'Etat enchaîné

Comme toute crise majeure, la pandémie et ses conséquences nous mettent en danger. Elles offrent également l'occasion d'un sursaut. Après une telle vague d'intervention étatique, le ressac risque d'être douloureux. Ne nous leurrons pas. Il nous sera difficile de quitter les jupes en fer de l'Etat nounou et ce dernier ne voudra pas nous lâcher.

A nous toutefois de faire preuve de maturité et de lucidité. A-t-on connu meilleure opportunité pour interroger et soigner notre rapport pathologique à l'Etat ? Faut-il vraiment tout reconstruire à l'identique ? Ne gagnerions-nous pas à imaginer, entre l'Etat et nous, un lien plus respectueux, plus juste, plus apaisé et plus vertueux ? Nos dirigeants comme les citoyens doivent s'engager dans ce débat.

Parce que l'Etat nounou préexistait à la crise sanitaire, parce que ses bonnes intentions étouffent nos libertés, parce que nous sommes collectivement arrimés à un destin potentiellement funeste si nous ne changeons rien, nous nous devons de revoir son périmètre autant que les rapports qui nous lient à lui. Il est comme un fleuve sorti de son lit, un ressort échappé de sa boîte, un génie à distance de sa lampe. Saisissons-nous de ce sujet.

Quitte à le faire, évitons les postures, les biais idéologiques. Inspirons-nous des apports du monde académique contemporain. On ne peut repenser l'étatisme avec du vieux socialisme ou du vieux libéralisme. Sans renier les principes immuables, c'est ce chemin de pensée, éclairé des récentes découvertes, qui nous paraît faire sens en amont de l'action. Pour ne pas nous cantonner à la critique, conscients des difficultés de la tâche et en ayant à cœur, si possible, d'aider plutôt que de condamner.

Que nous dit la science de l'Etat réinventé ? Comme Prométhée dans la tragédie d'Eschyle, nous ne devrions ni l'anéantir, ni le gaver : nous devons l'enchaîner.

Ligoter Léviathan comme Ulysse à son mât

Nous le percevons chaque jour : l'Etat est à la fois omniprésent et impuissant, autoritaire et dépourvu d'autorité, intrusif et myope, puissant et incapable, central et dilué, dur avec les faibles et faible avec les forts. Charitable au point d'être le plus généreux au monde du côté du social ; procédurier et atteignant des degrés de complexité administrative battant eux aussi des records ; capable de condamner une femme de 73 ans atteinte de la maladie d'Alzheimer pour une attestation de déplacement mal datée[1] et inapte à en finir avec les manifestations d'ultraviolence empoisonnant la

1. Sophie Allemand, David Malle, « Vesoul : une dame de 73 ans malade d'Alzheimer condamnée pour une attestation de déplacement mal datée », France Bleu, 5 décembre 2020.

vie des habitants, des commerçants et des forces de l'ordre à Paris et dans certaines grandes villes la plupart des samedis depuis les « gilets jaunes ».

S'il a su avoir, avant l'épidémie, de premiers résultats très encourageants en termes de croissance[1], de pouvoir d'achat[2], de création d'entreprises[3], d'attractivité[4] et de taux de chômage[5] en baissant et en refusant contre l'avis de tous (ce qui est inédit sous la Cinquième République et que nous devons pour le coup à Emmanuel Macron lui-même) de remonter les impôts au gré des crises et en assouplissant certaines normes dont le droit du travail, la pandémie a vu

1. Grégoire Normand, « Croissance : la France fait mieux que la zone euro en 2019 », *La Tribune*, 17 décembre 2019.

2. Marc Vignaud, « Pouvoir d'achat : les trois quarts des Français peuvent dire "merci Macron" », *Le Point*, 29 janvier 2019 ; Guillaume de Calignon, « La hausse du pouvoir d'achat soutiendra encore la croissance en 2020 », *Les Echos*, 17 septembre 2019.

3. Guillaume de Calignon, « Les créations d'entreprises ont battu un nouveau record en 2019 », *Les Echos*, 15 janvier 2020.

4. Aurélie Lebelle et Matthieu Pelloli, « Attractivité économique : la France dépasse enfin l'Allemagne », *Le Parisien*, 3 juin 2019.

5. Guillaume de Calignon, « L'année 2019 se révèle un bon millésime pour l'emploi », *Les Echos*, 26 décembre 2019.

l'Etat revenir dans notre quotidien comme rarement dans l'histoire. A circonstance exceptionnelle, mesures exceptionnelles. Chacun le comprendra. Il faudra toutefois se souvenir, à l'heure de relancer, que nos succès d'hier sont tous nés d'un recul ciblé du périmètre de l'Etat et de ces premiers pas réalisés vers une société moins infantilisante.

La science le confirme. Dans un ouvrage majeur publié en 2020[1], Daron Acemoglu, professeur au MIT, et James A. Robinson, professeur à Chicago, décrivent un « corridor étroit » qu'il nous faut emprunter pour préserver les libertés tout en accomplissant ce que pourraient être les objectifs centraux de l'Etat : garantir les capacités d'émancipation des individus (école, formation, égalité des chances, protection sociale pour les plus fragiles), préserver l'existence de marchés libres et équitables (avec au premier rang la capacité pour de nouveaux entrants à pénétrer les marchés),

1. Daron Acemoglu, James A. Robinson, *The Narrow Corridor : States, Societies, and the Fate of Liberty*, Penguin, 2019.

protéger les minorités (pour lutter contre les plafonds de verre) et sécuriser l'efficacité productive (stabilité des normes, fiscalité incitative, valorisation de la recherche et de l'innovation).

Il faut trouver ce chemin subtil vers un « Léviathan enchaîné », à mi-chemin entre le « Léviathan despotique » et le « Léviathan absent ». Si l'Etat est trop puissant, il étouffe les libertés et, avec elles, les capacités d'émancipation, d'ascension sociale, d'invention et de réalisation personnelle. L'antimodèle en la matière, c'est évidemment la Chine quand elle s'arroge la puissance de feu d'un capitalisme d'Etat arrimé à un marché géant tout en écrasant les libertés politiques. C'était l'URSS hier. C'est aussi le Venezuela de Maduro. Ce sont également, dans une moindre mesure, toutes les démocraties dans lesquelles l'Etat est si intrusif qu'il brise les initiatives et casse les dynamiques associant la liberté et la responsabilité personnelle. A l'opposé, quand la société est trop peu organisée, quand elle empêche le développement d'un Etat efficace et que les institutions manquent pour créer un contexte de sécurité physique et juridique[1], les personnes sont livrées à elles-mêmes et dépourvues du cadre nécessaire pour prospérer.

Comme le disent Daron Acemoglu et James Robinson, « la seule manière de forger une liberté durable, c'est de trouver l'équilibre nécessaire à la construction d'un Léviathan enchaîné. La vraie liberté ne peut prospérer ni sans Etat, ni sous le joug d'un Léviathan despotique ».

L'Etat, dès lors, doit se lier les mains, comme Ulysse à son mât, et éviter de céder aux séduisantes sirènes de l'extension permanente. Il doit résister à la tentation de la réponse à tout et reprendre confiance dans la capacité des êtres à vivre en liberté. L'homme, on l'oublie, est un animal doué de raison. Le mettre en cage ou derrière les blancs barreaux d'un parc à bébé, c'est jouer contre sa nature et prendre le risque de précipiter sa chute. Le pouvoir et la bureaucratie doivent servir la liberté au lieu de la défier.

---

1. A l'image des Tiv nigérians, une société qui se défiait de l'Etat, sans capacité d'organisation collective.

La « state capacity » : nouveau visage d'un libéralisme réinventé

Cet équilibre n'est pas simple à trouver. Un autre courant intellectuel, contemporain lui aussi, plaide pour une réinvention du libéralisme autour du concept de *state capacity* (« capacité de l'Etat »). Il entend faire synthèse, comme la Société du Mont-Pèlerin l'avait fait dans les années 1950-1960 en mêlant les théories dix-neuviémistes du « laissez-faire » et l'Etat régulateur garant des règles de marché. Pour ses défenseurs, au premier rang desquels figure Tyler Cowen[1], la prospérité n'est pas contradictoire avec un Etat aux prérogatives larges – y compris sur le terrain du social – mais à la condition qu'il demeure agile et efficace et qu'il n'empiète pas, ou très peu, sur les libertés individuelles.

La *state capacity* reconnaît ainsi une pleine aptitude à l'Etat pour réglementer les marchés, taxer les agents et garantir le bon fonctionnement de la concurrence

1. Tyler Cowen, *The Complacent Class : The Self-Defeating Quest for the American Dream*, St. Martin's Press, 2017.

mais aussi mener à bien des projets d'envergure (production d'infrastructures, de recherche et développement, de transport et d'énergie, services aux citoyens et aux entreprises, transformations de masse et transition environnementale). L'Etat peut aussi informer les citoyens des risques les plus importants sans pour autant se substituer aux capacités profondes des personnes concernées. Selon plusieurs auteurs[1], la *state capacity* est même une condition du développement économique dans les pays émergents (Ethiopie, Botswana, etc.) et un facteur d'efficacité de la sphère publique dans les pays avancés (Corée du Sud, Taïwan, Estonie)[2].

1. Daron Acemoglu, James A. Robinson, *Why Nations Fail : The Origins of Power, Prosperity, and Poverty*, Profile Books, 2013 ; Cullen Hendrix, « Measuring State Capacity : Theoretical and Empirical Implications for the Study of Civil Conflict », *Journal of Peace Research*, 2010 ; Lee Kuan Yew, *From Third World to First : The Singapore and the Asian Economic Boom*, Harper Business, 2000.

2. Matt Andrews, Lant Pritchett, Michael Woolcock, *Building State Capability : Evidence, Analysis, Action*, Oxford University Press, 2017.

Timothy Besley, Torsten Persson, « State Capacity, Conflict, and Development », *Econometrica*, janvier 2010.

Mark Dincecco, Gabriel Katz, « State Capacity and Long-run Economic Performance », *The Economic Journal*, 2014.

Sans retirer l'effet de sidération et l'intensité d'un choc tel qu'une épidémie mondiale, on peut bien évidemment imaginer des interventions publiques pour faire face à un événement aussi exogène mais en préférant des actions étatiques davantage guidées par l'efficacité et le pragmatisme. On aurait dû éviter, par exemple, le dogmatisme des premiers mois, quand nos structures publiques refusaient de se faire aider par les entités sanitaires, d'achat ou logistiques émanant du privé. Notre manière d'inciter à réduire les interactions sociales, à tracer et isoler les malades ou les cas fragiles et notre capacité à déclencher une campagne de vaccination d'ampleur y auraient très certainement gagné. Hors Covid, c'est tout notre rapport à l'Etat et aux citoyens qui peut, éclairé à cette bougie, être révisé[1].

Il nous faut donc trouver le juste équilibre entre la norme et la liberté pour reconstruire

---

Marcin Piatkowski, *Europe's Growth Champion : Insights from the Economic Rise of Poland*, Oxford University Press, 2018.

1. Tyler Cowen, « What Libertarianism Has Become and Will Become : State Capacity Libertarianism », blog *Marginal Revolution*, 1er janvier 2020.

sur de bonnes bases. « Les bonnes réglementations sont ce qui rend possible la “main invisible” d’Adam Smith : elles alignent l’intérêt privé de la recherche de profit avec l’intérêt public de la création de richesse. Sans cet alignement crucial, la concurrence pour mieux servir les clients peut facilement céder la place à une course ruineuse pour extraire la richesse des plus fragiles[1]. »

Sortir de la « schmilblickocratie »

Pour réformer l’Etat et sortir du piège de l’Etat nounou, nous devons donc percevoir les freins et les myopies des excès de l’intervention publique centralisée allant jusqu’à l’ubuesque. Steven Teles appelle cela la « kludgeocratie[2] », que l’on pourrait traduire en « schmilblickocratie ».

L’action publique ne serait ni plus à droite, ni plus à gauche. L’Etat pourrait

1. Brink Lindsey, Steven Teles, Will Wilkinson, Samuel Hammond, « The Center Can Hold : Public Policy for an Age of Extremes », Niskanen Center, décembre 2018.

2. Steven Teles, « Kludgeocracy in America », *National Affairs*, 2013.

être plus actif qu'il ne l'est aujourd'hui dans certains secteurs (en matière de recherche, de formation, d'éducation et sur le plan régalien mais aussi en imaginant des incitations fiscales au soutien de la transition environnementale en plus du plan de relance verte) et moins intrusif concernant nos libertés personnelles et des pans entiers de l'économie. Il pourrait parier sur la corégulation et la coopération avec les acteurs privés plutôt qu'instaurer un rapport de défiance envers eux. Il pourrait cesser d'investir à perte pour rafistoler les industries du passé et préférer parier sur les technologies du futur tout en investissant sur les formations aux besoins de l'avenir. L'Etat pourrait aussi utilement allouer des fonds pour un accès facilité et libéré à la connaissance, à la culture et aux savoirs fondamentaux afin de solidifier le socle des valeurs et notre capacité à monter dans le train vertueux de la destruction créatrice[1]. Mais pour cela, il doit nous refaire confiance et valoriser les figures

1. Philippe Aghion, Céline Antonin, Simon Bunel, *Le Pouvoir de la destruction créatrice*, Odile Jacob, 2020.

étrangement diabolisées de l'innovateur, de l'inventeur et de l'entrepreneur.

Une telle évolution ne sombrerait pas dans la critique facile et détestable du « gouvernement des riches ». Là encore, la science offre des réponses robustes aux caricatures et aux raccourcis. Des chercheurs ont démontré que le fardeau des réglementations complexes pèse dans la plupart des cas en premier lieu sur les plus pauvres et les moins qualifiés[1]. Hernando de Soto ne décrit pas autre chose quand il mesure le temps insoutenable imposé par les administrations des pays en développement pour obtenir l'autorisation de travailler[2] ou quand il découvre, sur le terrain, que le Printemps arabe a été initié par de petits entrepreneurs découragés par le fardeau normatif. De son côté, Philippe Aghion a établi que « l'inégalité générée par l'innovation est temporaire[3] ».

1. Pamela Herd, Donald P. Moynihan, *Administrative Burden : Policymaking by Other Means*, Russell Sage Foundation, 2019.

2. Hernando de Soto, *Le Mystère du capital*, Flammarion, 2005. Luc de Barochez, « Hernando de Soto, l'anti-Piketty », *Le Point,* 14 janvier 2016.

3. Philippe Aghion, Céline Antonin, Simon Bunel, *op. cit.*

De quoi tordre le cou à nombre d'idées reçues.

Recentrer l'Etat sur ses missions essentielles

Alors que l'Etat a limité en pleine épidémie nos mouvements et actions à ce qu'il a défini comme « essentiel », à nous, démocratiquement, de lui intimer de se concentrer à son tour sur ce qu'il sait et peut faire tout en cessant de nous étouffer au soleil de sa suffisance. Il doit cesser ses dispersions bavardes, coûteuses et paralysantes pour se focaliser sur un champ plus limité et plus efficace. Il doit comprendre les vertus de la liberté et mesurer les dégâts de l'infantilisation. Là où le privé est objectivement plus efficace, il ne doit pas s'interposer. Il doit renouveler son personnel en facilitant grandement le passage du privé au public et du public au privé et préférer les missions temporaires aux ministères éternels.

L'Etat et la bureaucratie doivent également sortir de l'obligation de moyens pour rejoindre l'obligation de résultat dans l'accomplissement de leurs missions. Des outils existent, comme les « contrats à impact social[1] » (les *Social Impact Bonds*), ces contrats privés qui financent des projets d'intérêt public mais dont le paiement complet n'est réalisé qu'en cas de succès objectivement mesurables. Le secrétaire d'Etat à la Justice britannique, Jack Straw, a ainsi financé en 2010 des programmes de réinsertion des prisonniers du pénitencier de Peterborough qui n'étaient payés à leur plein prix que si le taux de récidive baissait d'au moins 7,5 %[2]. Dès lors, l'investissement public devient porteur des meilleures incitations et est moins perçu comme un coût que comme un gain collectif.

D'autres innovations comportementales responsabiliseraient la relation entre l'Etat et le citoyen et « adultiseraient » la société. C'est par exemple le cas des *vou-*

1. Mildred Warner, « Private Finance for Public Goods : Social Impact Bonds », *Journal of Economic Policy Reform*, 2013.

2. Emma Disley, Jennifer Rubin, Emily Scraggs, Nina Burrowes, Deirdre May Culley, « Lessons Learned from the Planning and Early Implementation of the Social Impact Bond at HMP Peterborough », *Rand Corporation Europe*, 2011.

chers (« bons d'achat »), ces alternatives aux vastes budgets attribués d'en haut que les instances publiques pourraient distribuer à chaque citoyen, libre à eux ensuite d'investir, en responsabilité et en étant proches du terrain, dans les écoles, les centres de soins ou les services de leur choix. En partant de l'exemple suédois, des chercheurs ont démontré qu'avec un tel système, « les résultats scolaires des écoles publiques s'améliorent en raison de la concurrence[1] ».

Dans le même esprit et pour briser les logiques monolithiques de bureaucraties déconnectées du quotidien des citoyens, nous pourrions supprimer certains monopoles et mettre en concurrence les services publics (Pôle emploi avec les agences d'intérim ou les plateformes, la Sécurité sociale avec les mutuelles, etc.). Non en privatisant ces institutions publiques mais en ouvrant leur marché. Cela allégerait d'autant le coût de ceux qui préféreront aller

1. F. Mikael Sandström, Fredrik Bergström, « School Vouchers in Practice : Competition Will not Hurt You », *Journal of Public Economics*, 2005.

ailleurs et cela créerait de bien meilleures incitations à gérer dans l'intérêt de tous.

Comme l'écrit Julian Le Grand, « demandez aux gens ce qu'ils attendent de l'argent public dépensé pour les soins de santé et l'éducation, et la réponse sera simple : un bon service. [...] Quatre moyens d'y parvenir : la confiance dans les professionnels, les gestionnaires et les autres personnes travaillant dans les services publics pour fournir un service de haute qualité ; les objectifs et la gestion de la performance, une version de ce que l'on appelle souvent le commandement et le contrôle, où ces travailleurs reçoivent d'une autorité supérieure des instructions ou d'autres moyens pour fournir un bon service ; la prise de parole, grâce à laquelle les utilisateurs des services publics communiquent leurs opinions directement aux prestataires de services ; et la "main invisible" du choix et de la concurrence, où les utilisateurs choisissent le service qu'ils veulent parmi ceux offerts par des fournisseurs concurrents[1] ».

1. Julian Le Grand, *The Other Invisible Hand : Delivering Public Services through Choice and Competition*, Princeton

Ainsi recentré, l'Etat nounou se transformerait en Etat enchaîné et retrouverait la bande passante nécessaire pour améliorer à nouveau ses performances du côté du régalien et dans sa mission de garantir et consolider l'égalité des chances tout en compensant les revenus de ceux qui le méritent vraiment. En parallèle, il pourrait renouer avec ce que Joel Mokyr appelle « la culture de la croissance[1] », cet esprit des Lumières partant de l'idée que les citoyens ne sont pas des serfs en puissance mais des êtres libres dotés de raison. C'est cette révolution politique et juridique qui explique que la révolution industrielle a eu lieu en Occident et non ailleurs, ce que Deirdre McCloskey[2] confirme dans ses trois maîtres ouvrages. Y renoncer, c'est obscurcir notre avenir. Nous valons mieux que cela.

University Press, 2007. Lire aussi : Julian Le Grand, *Motivation, Agency, and Public Policy : of Knights and Knaves, Pawns and Queens*, Oxford University Press, 2003.

1. Joel Mokyr, *La Culture de la croissance*, Gallimard, 2020.

2. Deirdre N. McCloskey, *The Bourgeois Virtues,* University of Chicago Press, 2006, *Bourgeois Dignity*, UCP, 2010, *Bourgeois Equality*, UCP, 2016.

Le noble pari de la personne humaine

Une fois l'épidémie passée, nous nous devrons dès lors d'être attentifs à ne pas conserver dans notre droit des mesures d'exception. Il faudra fermement renvoyer la « surveillance vigilante du gouvernement[1] » aux romans de science-fiction de Philip K. Dick en se libérant de toute accoutumance à l'état d'urgence.

Le premier piège, ce seront donc ces habitudes que nous avons prises, mois après mois, à vivre privés de pans entiers de nos libertés. « L'habitude est une seconde nature », écrivait Proust dans *Sodome et Gomorrhe*. Et « la constance d'une habitude est d'ordinaire en rapport avec son absurdité »[2], précisait-il dans *La Prisonnière*. Nous en départir ne se fera pas sans mal. On sait, d'expérience, le poids des plis que nos comportements répétés impriment sur nos vies. On sait aussi le vertige que peut provoquer la peur mêlée à la liberté le jour d'une levée d'écrou.

1. Philip K. Dick, *La Vérité avant-dernière*, Laffont, 1974.
2. Marcel Proust, *A la recherche du temps perdu*, La Pléiade, Gallimard, 1987.

Il est un confort paradoxal à vivre reclus, habité de méfiance, à distance de la foule, refusant de sortir et d'affronter le monde. Le triste protagoniste de l'unique roman de Ionesco[1] n'a en rien besoin d'une pandémie pour se confiner loin de ses semblables et ressasser son mécontentement à l'abri de toute interaction avec autrui, avant de réaliser que son choix le met dans l'impasse. Il est aussi une certaine facilité, par-delà les épreuves, à vivre dans le transfert à d'autres des décisions importantes et dans la garantie publique de revenus minimum. Du côté de l'Etat, l'enfermement des foules réduit les risques de contestation, les manifestations de violence. Du moins avant l'insurrection. L'assistance respiratoire généralisée d'une bonne partie de l'économie offre l'habit du sauveur dans un contexte assombri. Elle ne pourra toutefois se poursuivre sauf à tous faire faillite. La transition n'en sera que plus difficile. On ne sort pas d'une hibernation, fût-elle forcée, comme si le soleil n'avait cessé de briller.

Puisse la réflexion portée ici aider à prendre conscience des paralysies pré-

1. Eugène Ionesco, *Le Solitaire*, Gallimard, 1973.

occupantes d'un interventionnisme excessif et déresponsabilisant. Gageons qu'elle apportera sa pierre à la réinvention d'un rapport assaini des citoyens à l'Etat et de l'Etat aux citoyens. En renonçant à l'infantilisation et en préférant l'humanisme à l'obscurantisme, le progrès à la régression, l'ouverture au repli sur soi, nous ferions le pari de la personne humaine. « C'est une grande merveille que l'être humain[1] », affirmait Pic de la Mirandole. Y a-t-il plus noble programme que de refaire de nous une société d'adultes ?

1. Jean Pic de la Mirandole, *De la dignité de l'homme*, 1486, trad. fr. Editions de l'Eclat, 1993.

Conclusion

Si la lutte contre la pandémie est une « guerre », de quoi l'avenir sera-t-il fait quand nous l'aurons vaincue ? Va-t-on, comme Morand au lendemain du premier conflit mondial, rester *Ouvert la nuit*[1] ? Ou allons-nous, comme K., le héros de Kafka, être traités toujours plus « ouvertement ou indirectement, comme un petit employé subalterne[2] », un être tout en défiance et en dépendance, attendant la tétée du sein maternel public ?

Le piège de l'infantilisation de nos vies est devant nous. S'il se referme, nous perdons tout : les vertus de l'échange, l'enrichisse-

1. Paul Morand, *Ouvert la nuit*, Gallimard, 1922.
2. Franz Kafka, *Le Château*, Le Livre de Poche, 2001.

ment par la culture, l'émancipation par l'innovation et par l'effort. Tout sera ordonné, décidé, réglementé, planifié, égalisé et désinfecté par un Etat tour de contrôle aux allures de chien-loup habillé de vieux rose. Le progrès, l'ouverture, l'intelligence seront placés sous cloche, comme le moindre de nos gestes. Au royaume de la peur, la liberté se meurt et la personne s'éteint.

Comme le docteur Rieux, dans *La Peste*, comme Albert Camus, son inventeur lucide, nous devons voir plus loin que cette épidémie. Derrière l'administration tatillonne et paperassière, derrière les surveillances, les contrôles, les excès, derrière cette « propagande abêtissante qui s'efforce de plonger les masses dans l'aveuglement et la lâcheté[1] », se dessine un futur qui ne fait pas envie.

La route du progrès humain ne passe pas par ces allées[2]. Quand on pourra déconfiner, faisons-le franchement.

Ouvrons, respirons, vivons !

L'heure est venue de retrouver la liberté.

---

1. Jean Starobinski, « Camus : vaincre la peste », *Le Corps et ses raisons*, Seuil, 2020.

2. Johan Norberg, *Open: The Story of Human Progress*, Atlantic Books London, 2020.

Remerciements

Ce livre est né d'une conversation décisive avec un ami comme on en fait peu, Sébastien Le Fol. Il est le fruit d'un enthousiasme, celui, chaleureux et bienveillant, de Sofia Bengana. Je les remercie tous deux pour leur présence et leur confiance.

Ma gratitude va également à quelques compagnons de route : Alexis Brézet, Alexandre Bompard, Gérald Bronner, Patrice Spinosi, Guillaume Poitrinal, Bernard-Henri Lévy, Nassim Taleb, Philippe Aghion, Erwan Le Noan, Jean-Philippe Feldman, Antoine Levy, Elsa Cazeneuve, Patrice Huerre, Benoît Malbranque, Constantin Wiegand,

Benoît Thirion et au premier chef, bien sûr, Alix, qui illumine ma vie. Je remercie aussi les acteurs du pouvoir avec lesquels se sont noués, ces dernières années, des liens d'estime et d'amitié. Leurs témoignages de l'intérieur, qui demeureront confidentiels, m'ont beaucoup appris sur les réalités d'un monde où l'on croise encore, et c'est heureux, des êtres sincères, courageux et habités de convictions solides. Tous ces échanges m'ont nourri, même si l'intégralité des propos tenus ici n'engage évidemment que moi.

Aux Presses de la Cité, j'aimerais saluer le travail attentif d'Isabelle Dupré, Sophie Thiébaut et Mona Logerot.

Composition et mise en pages
Nord Compo à Villeneuve-d'Ascq

L'éditeur de cet ouvrage s'engage dans une démarche de certification FSC® qui contribue à la préservation des forêts pour les générations futures.

Pour en savoir plus :
www.editis.com/engagement-rse/

Achevé d'imprimer en février 2021
par la Société TIRAGE - 91941 COURTABŒUF

Dépôt légal : janvier 2021
C19596/05

Imprimé en France